国家“十三五”重点规划图书

“识标准　知生活”全民标准知识普及丛书

食用农产品消费安全
科学观一观

农业农村部农产品质量标准研究中心◎编著

中国质量标准出版传媒有限公司
中　国　标　准　出　版　社
北京

图书在版编目（CIP）数据

食用农产品消费安全：科学观一观 / 农业农村部农产品质量标准研究中心编著．—北京：中国质量标准出版传媒有限公司，2021.5（2024.10 重印）

ISBN 978-7-5026-4885-5

Ⅰ．①食… Ⅱ．①农… Ⅲ．①农产品—食品—质量管理—安全管理—中国 Ⅳ．① F326.5

中国版本图书馆 CIP 数据核字（2020）第 256156 号

中国质量标准出版传媒有限公司
中 国 标 准 出 版 社 出版发行

北京市朝阳区和平里西街甲 2 号（100029）

北京市西城区三里河北街 16 号（100045）

网址：www.spc.net.cn

总编室：（010）68533533 发行中心：（010）51780238

读者服务部：（010）68523946

中国标准出版社秦皇岛印刷厂印刷

各地新华书店经销

开本 710×1000 1/16 印张 6.5 字数 72 千字

2021 年 5 月第 1 版 2024 年 10 月第 2 次印刷

定价 28.00 元

编审委员会

序

食用农产品质量安全问题已经成为社会普遍关注的民生问题。从早期的“苏丹红”“三聚氰胺”“瘦肉精”事件，到“速生鸡”“无籽葡萄”“螃蟹打针”事件，新媒体时代下信息传播速度和碎片化传播节点的冲击，使得农产品质量安全事件的曝光也越来越频繁化和大众化。由于缺乏相应的农产品质量安全知识，未能及时获得科学解读，消费者面对铺天盖地的信息，极易被一些虚假和夸大信息误导，引发消费担忧，最终导致对整个产业的不信任，这也间接导致政府公信力的下降。因此，开展有效的科普宣传和风险交流就显得尤为重要。通过消费者易于理解和接受的方式，将科学的消费安全知识传递给消费者，从而化解公众疑虑，提升消费信心。

本书作为农业农村部农产品质量安全风险评估专项的成果之一，是在历年科学评估结论的基础上，针对公众普遍关注的问题编写而成，共分为缤纷果蔬、五彩菌菇、营养畜禽、生鲜水产、天然饮品、营养及其他6篇，不仅对我们在日常消费中的一些质疑和猜测进行了科学解答，也对如何辨别和选购安全、营养的食用农产品给出了科学建议。

本书是一本没有阅读门槛的大众科普读物，是继《食用农产品消费健康　科学面对面》后科普解读系列中的又一部著作。本书在保持上一部图书写作风格的基础上，增加了“30s 快速阅读”版块，以方便阅读时间“碎片化”的读者。希望能够继续为广大消费者释疑解惑，提供有益的帮助。

编著者

2021年5月

目 录

第一篇
缤纷果蔬

染了色的砂糖橘还能吃吗?

小孩能吃无籽葡萄吗?

打蜡的水果你敢吃吗?

白菜喷甲醛保鲜，吃了会得白血病吗?

黄瓜种植也用避孕药吗?

1 染了色的砂糖橘还能吃吗?

30s快速阅读

1. 染色砂糖橘是极少数不法商人的违法行为,正常成熟的砂糖橘果实色泽好,无须使用色素。
2. 染色砂糖橘的人工合成色素主要残留在果皮中,并不会穿透柑橘果皮渗透到果肉中。
3. 砂糖橘是否染色可以通过外观、手感、口感等方面来鉴别。

砂糖橘,色泽鲜艳,汁多味甜,深受消费者的喜爱。然而,近年来有关“染色砂糖橘”的视频和传言使得不少公众颇为担忧。砂糖橘还能放心吃吗?染橘子的不明色素到底是什么?染了色的“砂糖橘”对身体有害吗?其实,“染色砂糖橘”系极少数不法商贩违法所为,正常成熟的砂糖橘果实色泽好,根本无须使用色素。

● 染色砂糖橘上使用的不明色素是什么？

常用的染色剂大多为柑橘红 2 号，个别的不排除违规使用苏丹红或胭脂红，它们均为人工合成色素。国内和国际上均禁止在鲜果上使用苏丹红和胭脂红。目前，柑橘红 2 号仅允许在美国部分州（佛罗里达州、得克萨斯州）和加拿大使用，欧盟及日本则禁止使用。

● 染了色的橘子对身体有害吗?

自 2004 年赣南“染色橙”事件发生以来，各地政府已严加监管，柑橘染色问题已得到有效控制。农业农村部柑橘产品质量安全风险评估实验室（重庆）对柑橘红 2 号和苏丹红色素在采后处理柑橘果实中的分布及迁移规律进行了研究。结果表明，柑橘红 2 号、苏丹红等人工合成色素主要残留在果皮中，并不会穿透柑橘果皮渗透到果肉中。而生活中常见的柑橘果品都是剥皮食用的，所以消费者不必过度担心，可放心食用。

● 如何辨别砂糖橘是否染色？

一般地，砂糖橘在每年 12 月中下旬上市，大量上市是在元旦后至春节期间。由于口感好、受欢迎，砂糖橘的价格比其他橘子贵很多，市场上也不乏鱼目混珠的情况。我们可以通过以下几个方面来辨别砂糖橘是否被染色：

外观。自然成熟的砂糖橘果皮颜色呈橙红或橙黄带红，有光泽。而染色的橘子，颜色很不自然，用手或湿巾能擦下来，很容易分辨。未染色的砂糖橘果蒂是白绿相间，而染色严重的砂糖橘，果蒂则会变成红色。

手感。砂糖橘外表粗糙，皮呈颗粒状，毛孔粗大，手摸一下会有小砂点的感觉；而表面光滑的橘子很可能不是砂糖橘。

气味。砂糖橘皮薄易剥，剥出来的是小片的碎皮，会散发出一种特殊的香味。

大小。砂糖橘多以中型果为主，有极少量的大型果和小型果。若出现果型均一的小型果或大型果，多为冒充。

口感。砂糖橘的口感属于清甜，或纯甜味道，“酸甜”的很少（除非熟期未到就采摘上市），而且多汁、化渣、无籽或少籽。

2 小孩能吃无籽葡萄吗？

30 s快速阅读

1. 无籽葡萄是葡萄育种的方向。葡萄无籽的成因有两种：一种是本身就是无核品种；另一种是通过无核化栽培获得。
2. 目前，使用最多的无核化药物是赤霉酸。赤霉酸本身是一种天然的植物激素，由于使用量少，加上本身的毒性极低，因此，经过赤霉酸处理的无籽葡萄是安全的，无食用风险。
3. 避孕药是动物激素，与植物激素是完全不相干的两类物质，避孕药并不能使葡萄无核。

2016年，网上爆出了水果商贩称“无籽葡萄”使用了避孕药的视频，视频中商贩称“无籽葡萄都使用了避孕药，不能给孩子们吃，自己也不能吃。无籽葡萄中含有大量激素，常食用对人体有害。”难道无籽葡萄真是使用了避孕药吗？

● 葡萄无籽的成因是什么？

无籽葡萄一直以来都是世界葡萄育种的方向，同时也是鲜食葡萄的消费趋势。根据联合国粮食及农业组织（FAO）统计，世界无核葡萄栽培面积约为鲜食葡萄栽培总面积的五分之一。

目前，市场上的无籽葡萄有两种情况：一种是本身就是无核品种；另一种则是天然有种子的品种通过无核化栽培获得的。其中，赤霉酸是目前葡萄生产中最常用的无核化药物。赤霉酸是一种天然的植物激素，能够促进植物的生长发育、改进品质、提高产量。植物自身也能够产生赤霉素，对自身的生理过程进行调节。

● 食用无核化栽培的无籽葡萄是安全的

使用赤霉酸进行无核化处理的葡萄是安全的。一是在进行无核化处理时，赤霉素使用的浓度极低，用量很少；二是葡萄从无核化处理到成熟要经历两三个月的时间，食用的时候赤霉酸基本上已降解完；三是赤霉酸本身的毒性极低，不会对身体健康产生危害。所以，食用赤霉酸无核化处理的无籽葡萄是安全的，可以给孩子食用。

● 避孕药并不能使葡萄无核

避孕药是一种动物激素，与当前葡萄种植所用的赤霉酸（植物激素）没有丝毫关系。植物激素和动物激素是完全不同的两类物质，植物激素只对植物生长产生调控作用，对动物的生长发育不起作用。反之，动物激素也无法被植物识别和起效。避孕药不能使葡萄无核，赤霉酸在人体内也不会表现动物激素作用，更不会影响人的发育，没有影响生育之说。

3 打蜡的水果你敢吃吗？

30s快速阅读

1. 水果表皮的蜡是一种可食用的人工果蜡，人工果蜡是水果贮藏保鲜的重要手段之一。
2. 人为添加的工业蜡是非法的，会对人体健康造成危害。
3. 选购水果应尽量选择当季、当地的，可在食用前用温热盐水刷洗或去皮食用。

大家在食用水果时常常发现，经过一段时间放置的苹果和橙子，用水冲洗时，表皮像是沾了一层油似的，黏黏的，难道是打了蜡？这种蜡可以食用吗？会不会对身体产生危害呢？

● 水果外皮的蜡究竟是什么？

水果表皮刮出的白色蜡末，一般有以下 3 种情况：一是天然果蜡，是水果自身分泌的附着于表皮的脂类，可有效防止病原体（有毒有害物质、细菌、病毒等）进入水果内部，并抵御环境变化给水果造成的伤害。二是人工添加的食用蜡，是将树胶、蜂蜡、虫胶等其他天然胶体以有机溶剂制成液态蜡，多用于高级水果和进出口水果的保鲜，以延长货架期和提高价格。打蜡不仅能够增加果面光泽度、减少果实表面在运输期间的机械损伤，还能够抑制呼吸作用，减缓养分损失和后熟衰老，减少病菌的侵染。三是工业蜡，是人为添加的非食用蜡，一些不法商家为了降低成本，会使用廉价工业蜡给水果打蜡。

● 这些蜡安全吗?

给水果打蜡是国际上允许的保鲜方法，在美国、日本、欧洲等地，水果打蜡都有成熟的工艺和法规。我国 GB 2760—2014《食品安全国家标准　食品添加剂使用标准》中也允许在水果表面做打蜡保鲜处理，如：使用巴西棕榈蜡和吗啉脂肪酸盐（又名“果蜡”）作为被膜剂，前者是从生长于巴西东北部的棕榈树叶上提取的天然植物蜡，在新鲜水果表面的最大使用量为 0.0004g/kg；后者是以吗啉脂肪酸盐为乳化剂、用天然动植物蜡及水制成的果蜡。只要按照规定对水果进行打蜡保鲜，就是安全的，不会对人体产生危害。但是，不排除市场上某些不法商贩使用相对便宜的工业石蜡给水果打蜡，并在蜡中加入颜料为水果上色。工业石蜡成分复杂，其中所含的汞、铅、砷等重金属会渗透果皮，过量摄入会对健康产生危害。

● 如何辨别食用蜡和工业蜡?

一般地，应季水果和当地水果，完全不需要使用果蜡进行保鲜。反季节水果或进口水果因为需要长期贮存和长途运输，才会通过涂抹食用蜡进行保鲜。涂抹食用蜡的水果，其果皮表面的膜较薄、较亮。而使用工业蜡涂抹，涂层则相对较厚，并且工业用蜡是有颜色的，如果用纸巾使劲擦，会掉色。

因此，建议大家在选购时，应尽量选择当季、当地的水果；如果水果的颜色特别鲜亮，建议谨慎购买；而对于那些用纸巾擦会掉色的，建议不要购买。在食用时，由于果蜡会影响口感，可去皮食用，或者使用食盐、淀粉等进行清洗，即可去除果蜡。

4 白菜喷甲醛保鲜，吃了会得白血病吗？

30s快速阅读

1. 甲醛是明令禁止用于食品和农产品的，使用甲醛进行保鲜属于违法行为。
2. 一般而言，白菜没必要喷洒甲醛进行保鲜，因为甲醛只会减缓根部褐变速度，并不会减缓腐烂。
3. 即便对白菜喷洒了甲醛，也会在一天内迅速挥发。近几年，各地政府已经加强对白菜的质量安全监管，消费者尽可放心食用。

俗话说“白菜是个宝，赛过灵芝草”。对于中国老百姓而言，大白菜无疑是最为亲切的蔬菜之一了。然而近些年，媒体上总是有一些耸人听闻的传言，如“白菜保鲜靠甲醛”“吃了含甲醛的白菜会得白血病”……，事实果真如此吗?

白菜喷洒甲醛保鲜有必要吗?

甲醛确实是一种杀菌剂，具有防腐、杀菌和稳定的功效。但对于本地生产的白菜，可直接销售，完全不需要特别保鲜。而对于需要长途运输的白菜，则会采用冷库预冷、冰块降温、冷藏车运输等方式，以达到低温保鲜的效果。只有在气温较高的夏季，可能有极个别利欲熏心的商户会用低浓度甲醛溶液来延长白菜的保鲜期。

根据 GB 2760—2014《食品安全国家标准　食品添加剂使用标准》，甲醛本身并不是食品原料或食品添加剂，不能用于食品和农产品中。使用甲醛对蔬菜进行保鲜，属于违规、违法行为，应予以严厉打击。

● 白菜如果喷了甲醛，会诱发白血病吗？

研究人员通过对白菜喷施甲醛开展模拟实验，结果表明：与未喷施甲醛的白菜相比，施用了甲醛的白菜根部褐变速度有所减慢，但是，并不能防止白菜根部的腐烂。自第 3 天起，无论是否喷施甲醛，白菜根部都开始腐烂。此外，由于甲醛溶液挥发的速度非常快，喷施一天之后，已基本挥发到仪器无法检出的水平。所以，即使有不法商贩对白菜喷施甲醛用于保鲜，只要闻不到甲醛味，就说明甲醛已基本挥发完毕，对健康就没有太大威胁，更不会诱发白血病。

如何鉴别白菜是否喷了甲醛?

甲醛挥发性强，味道非常刺鼻，因此，很容易鉴别白菜是否喷了甲醛。如果闻不到甲醛味，说明这棵白菜没喷过甲醛，或者说即使喷过也已基本挥发掉。如果还是不放心，可以把大白菜最外面的叶子扒掉，菜根切掉，反复用清水多冲洗几次。

近几年，各地政府已经加强对白菜的质量安全监管，在蔬菜市场、交通要道对外来流动白菜运输车辆进行全面检查，甲醛白菜现象已少之又少，消费者可放心食用。

5 黄瓜种植也用避孕药吗？

30s快速阅读

1. 避孕药与植物激素的化学结构、作用对象、功能以及机理等方面是完全不同的，将避孕药用到黄瓜上根本起不到任何作用。
2. 人工也能合成具有调节植物生长功能的物质，在农业生产中一般称为植物生长调节剂。
3. 目前登记的植物生长调节剂绝大部分属于低毒或微毒农药，有些甚至因为几乎无毒而被列入不需要制定残留限量的豁免物质。
4. 植物生长调节剂用量非常少，在农产品中的残留量非常低。

黄瓜，肉质脆嫩，味甘性凉，富含多种维生素和矿物质营养，能生津解渴，清热利水，美容养颜，深受人们喜爱。然而，黄瓜使用避孕药的谣言从2011年一直传到现在。那么，这个谣言到底有没有根据呢？

● 黄瓜生长过程中真的使用了避孕药吗？

由于避孕药是激素，激素具有调节作用，所以有的人认为一切有调节作用的物质都是避孕药。事实上，避孕药仅作用于人及动物，其原理主要是通

过抑制机体排卵或阻碍受精卵运输等方式达到避孕目的，与植物激素在化学结构、作用对象、功能以及机理等方面是完全不同的，将避孕药用到黄瓜上根本起不到任何作用。

植物激素是植物自身代谢产生的一类有机物质，只要极微量，就可以调节植物的生长、开花、结果或者衰老的过程。人工也能合成具有这种调节功能的物质，在农业生产中一般称为植物生长调节剂。黄瓜和大多数农产品一样，生长过程中使用的是植物生长调节剂，而非避孕药。

● 使用了植物生长调节剂的黄瓜安全吗？

很多消费者认为植物生长调节剂作为人工合成的物质，就算不等于避孕药，也不能说明它就是安全的。事实上，植物生长调节剂是农药中的一个类别。世界卫生组织对农药急性毒性进行分类，一般为剧毒、高毒、中毒、低毒、微毒 5 级。目前登记的植物生长调节剂绝大部分属于低毒或微毒农药，有些甚至因为几乎无毒而被列入不需要制定残留限量的豁免物质。此外，由于植物生长调节剂用量非常少，农民如果过量使用还会起到反作用，得不偿失。

从近年来国家农产品质量安全风险评估项目对黄瓜中的植物生长调节剂氯吡脲的评估数据来看，122 批次黄瓜中，仅 9% 的样品含有痕量残留，最大检出值是 0.003mg/kg，远远低于国家标准规定（最大允许残留量 0.1mg/kg）。所以，尽可以放心吃黄瓜啦。

第二篇
五彩菌菇

黑色木耳是“黑木耳”吗？

冰箱里“长大”的金针菇能吃吗？

听说食用菌也喷甲醛，你担心吗？

白色食用菌怎么选？

你认识有毒的牛肝菌吗？怎么才能安全地食用牛肝菌呢？

6 黑色木耳是“黑木耳”吗?

30 s快速阅读

1. 正宗的黑木耳是一面黑一面灰，并非越黑越好。可以用看、闻、擦等简单方法辨别黑木耳是否为被染色的地耳。
2. 火锅店里的毛木耳与黑木耳都是木耳科木耳属，但两者在外形和口感方面都有所区别。
3. 鲜木耳不宜直接食用，干制木耳应当即泡即食。

黑木耳含有丰富的营养元素，被誉为“素中之王”。但近年来，有些不法商贩用普通的木耳染色来冒充黑木耳，那么，怎样才能辨别所购买的黑木耳是不是被染色的呢？市场上还出现了毛木耳，也是黑色的，那毛木耳又是什么？和黑木耳有什么区别呢？木耳是越黑越好吗？

● 如何辨别黑木耳是否被染色?

正宗的黑木耳是一面黑一面灰，并非越黑越好。市场上，有些不法商贩为了获得更大的经济收益，会将普通的地耳进行染色销售，欺骗消费者。和黑木耳比起来，地耳的生产成本很低，是用锯末、秸秆撒上地耳菌人工繁殖的，一斤地耳的产地价约为十多元，但经染色变成“黑木耳”后，每斤的价格是其5倍。那么，我们在选购时，如何辨认这些被染色的“黑木耳”呢？

一看：黑木耳的朵面乌黑光润，背面呈灰色，两面的色泽和绒毛清晰可见；而染色木耳正反面色差不明显，基本一致。

二闻：好的黑木耳会带有清香，染色木耳则会存在异味或酸臭味。

三擦：用手指蘸唾液或者水，在木耳上蹭几下，如手指染上黑色，木耳“掉色”，则为染色。

● 火锅店里的到底是“毛木耳”还是“黑木耳”？

在火锅店吃火锅时，经常会看到菜单上有毛木耳，那么毛木耳就是黑木耳吗？

分类		毛木耳	黑木耳
外形	新鲜	叶片更厚，背部有一层灰白色的绒毛	薄而小，背部没有明显的绒毛
	干制	耳片更大，正面颜色为紫黑色至黑色，背面灰白偏黄	耳片相对薄而小，蜷曲明显，正面多为黑色，背面为灰白色
	泡发	偏红棕色，耳片背部布满麻点	棕色偏黑，两面都很光滑，胶质感更强
口感		较为脆爽	嫩滑，略黏

毛木耳和黑木耳都是木耳科木耳属的，长得也很像，它们是一个大家族里面的两个分支，但并不完全相同。

● 食用小贴士

对于新鲜的木耳而言，由于含有卟啉、邻苯二甲酸二异丁酯等有害物质，因此，建议开水焯 10s 以上再食用。

对于干制的木耳，泡发时间不宜过长，即泡即食，以防止泡发时间过长产生有毒物质，导致食物中毒。若泡发完不能全部食用，可置于冰箱中冷藏。

7 冰箱里“长大”的金针菇能吃吗？

30s快速阅读

1. 金针菇在冰箱中继续生长是正常现象，并不是使用生长激素的原因。
2. 再生长的蔬菜都会导致自身品质的下降。
3. 可以通过看和闻来基本判断冰箱里贮存的金针菇是否可以继续食用。

金针菇是我们餐桌上常见的菌菇，由于富含多种人体必需的氨基酸，特别是赖氨酸和精氨酸含量丰富，能够促进儿童的智力发育，所以又被称为“智力菇”。经常吃金针菇的朋友会发现这样的现象：如果把没有食用完的金针菇放到冰箱里，它会继续生长，甚至能顶破包装袋的保鲜膜。那么，金针菇为什么能在冰箱中继续生长呢？再生长的金针菇还能不能食用呢？

● 金针菇为什么会在冰箱里继续生长？

金针菇属于低温型菇类，菇体的适宜生长温度为 3~18℃。一般地，工厂生产在金针菇菌盖开至 60%~70% 时进行采收，采收后的金针菇仍具有较高的生理活性。这时，冰箱的冷藏室一不小心成了生长的“温室”，金针菇利用残留的培养基和自身的营养物质进行新陈代谢活动，就在冰箱里继续生长了。所以，金针菇在冰箱中继续生长是正常现象，并不是使用生长激素的原因。使用激素反而会导致金针菇的品质下降。

除了金针菇，还有土豆、豆芽等蔬菜都有再生长的现象，这是由于其在脱离母体后，依然保持着一定的生长活性。但需要注意的是，这种再生长靠的是蔬菜的自身营养，所以，再生长的蔬菜品质会有所下降。

● 在冰箱里贮存的的金针菇还能不能吃?

金针菇不耐贮藏，在常温下 3 天菇体就会出现软化现象，菌柄基部变成褐色，同时伴有臭味放出。因此，家庭中通常会利用低温冷藏的方式贮存金针菇。低温保藏可以有效抑制金针菇发生褐变、菌盖呈水浸状等劣变。我们可以通过金针菇感官品质的变化来判断贮存在冰箱里的金针菇还能不能吃。

一是看。金针菇在采后菌盖色泽会逐渐发黄，并且由菌盖至菌柄基部颜色会逐渐加深。假如发现菌盖有斑点，甚至产生霉斑，菌柄发黑发软就不可再食用了。

二是闻。刚采收的新鲜金针菇具备蘑菇特有的香味，贮存时会由于无氧呼吸作用产生乙醛、乙醇及其他有毒物质而发出异味，如果闻到这些异味，说明金针菇已经变质了，要避免食用。

8 听说食用菌也喷甲醛，你担心吗？

30s快速阅读

1. 食用菌生长过程中，自身会产生少量的甲醛。
2. 虽然香菇中的甲醛含量相对其他食用菌略偏高，但是在安全标准以下食用，不会对人体造成危害。
3. 在日常的贮藏和烹饪过程中，食用菌中的甲醛含量会明显降低。

有传言说，食用菌在种植过程中会喷甲醛来避虫害，个别商贩还会在售卖过程中喷洒甲醛来保鲜，导致市售的食用菌中甲醛含量超标，食用后会危害身体健康。这是真的吗？

● 食用菌中的甲醛到底是从哪里来的呢？

科学实验结果表明，食用菌中的甲醛并非人为添加或环境污染所致，而是其在生长过程中的自然产物。如香菇中含有香菇菌酸，它是蘑菇香精的前体物质，是香菇干品的主要芳香成分，这种物质在酶的作用下，能够形成甲醛。有研究发现，甲醛含量在香菇七成熟阶段达到最高值。采后贮藏过程中，鲜香菇中甲醛含量呈先升高后降低的趋势，并且菇柄中甲醛含量高于菇盖。

香菇烘干后甲醛含量逐渐降低。所以，甲醛是香菇生产过程中的一种自身代谢产物，它与香菇是共同存在的。

● 香菇中甲醛含量相对较高，食用安全吗？

一般情况下，食用菌中的甲醛含量可忽略不计。虽然香菇中的甲醛含量相比其他食用菌略微偏高，但仍然在安全范围内，对消费者而言，甲醛的安全风险是可以忽略不计的。根据农业农村部农产品质量安全风险评估的结果表明，香菇鲜品中检出甲醛的中位值是 12mg/kg（平均值 32mg/kg）；香菇干品中检出甲醛的中位值是 34mg/kg（平均值 66mg/kg），均远低于香菇进入日本市场的甲醛暂定限量。国内学者毒理学研究结果也表明，香菇中甲醛并没有遗传毒性。所以，食用香菇并不会对人体造成危害。

● 通过贮藏及烹饪，甲醛会减少吗？

由于甲醛易挥发、易溶解、易降解，在日常生活中，经过食用前的放置、冷藏、泡发、洗涤、煮熟，甲醛含量会明显降低。研究结果显示，贮存约 5 天后，鲜菇甲醛含量明显下降，干菇贮存一年后甲醛含量比刚采下鲜菇烘干低 2.7 倍。将干菇浸泡，吸透水分 1h，煮 5min，菇体甲醛含量明显降低。所以，大可不必因担心菇体含甲醛而影响食欲了。

9 白色食用菌怎么选?

30s快速阅读

1. 目前，市面上主要的白色食用菌干品有：银耳、竹荪；主要的白色食用菌鲜品有：双孢蘑菇、白灵菇、海鲜菇、白金针菇、白玉菇、鸡腿菇、猴头菇等。
2. 选购白色食用菌干品时，建议挑选自然淡黄色、朵形完整的，若有异味则不要购买。
3. 白色食用菌鲜品极易变为褐色或棕褐色，建议即买即食，一次不要购买太多。在选购时，要避免挑选表面异常洁白、切开后长期都不褐变的食用菌产品。

白色食用菌营养丰富，滋味鲜美，在市场上的品种日益丰富，不仅有银耳、竹荪等干品，还有双孢蘑菇、白灵菇、海鲜菇、白金针菇、猴头菇等鲜品。面对这些琳琅满目的白色菌菇，在选购时要注意什么呢?

● 如何选购干品?

看一看。优质的银耳和竹荪都呈自然的淡黄色，根部的颜色略深。建议不要选购雪白漂亮的，因为有硫磺熏蒸的可能。

摸一摸。建议挑选无潮湿感且朵形完整的干品。

闻一闻。优质银耳和竹荪干品无异味，竹荪还有自然芳香。购买时，闻一闻是否有刺鼻的味道。若有异味，表明已受潮发霉变质，不要购买。

尝一尝。用舌头浅尝干品，若发现有刺激或辣味，很可能是二氧化硫残留量较多。

● 如何选购鲜品？

看颜色。消费者在选购时，应避免表面异常洁白、切开后长期都不褐变的产品。由于白色食用菌鲜品极易变为褐色或棕褐色，一些不法商贩会用荧光增白剂、亚硫酸盐等处理白色食用菌使其变白，延长贮藏时间，提高其“卖相”。经过近年来的监管和专项整治，市场上已鲜有经荧光增白剂处理的白色食用菌。

比外观。建议购买表面没有碰伤、形状较为完整、不发黏的七八分成熟的白色食用菌。其中，菇柄粗短、菇盖圆、盖面光滑平展、边缘肉厚、丛生的好；菇盖边缘薄、有褶皱、菇柄细长、下部有白色绒毛的次；盖直径过大的则老。

闻气味。白色食用菌本身有特殊的香味，经过硫磺熏蒸的食用菌，二氧化硫的含量会异常增高，因此，不要购买有异味或刺鼻气味的食用菌。

此外，建议白色食用菌鲜品一次不要购买太多，即买即食。若有剩余，应保存在冰箱中，一般可保存 3 天左右。

10 你认识有毒的牛肝菌吗？怎么才能安全地食用牛肝菌呢？

30s快速阅读

1. 牛肝菌味道鲜美，是名贵稀有的野生食用菌，但误食有毒牛肝菌会引起胃炎，导致腹泻，严重时还会危及生命。
2. 一种叫“见手青”的牛肝菌，过量食用后可导致“小人国幻视症”，症状轻重因人而异。
3. 为了避免食用有毒牛肝菌，要优选曾经吃过的有把握的品种，尽量避免采购色泽奇特、有红色网格的牛肝菌。在食用时，尽量切片，炒煮熟透，不宜生食或凉拌，不宜同时饮酒。

作为“四大菌王”之一的牛肝菌，因菌体似牛肝而得名，是一种名贵稀有的野生食用菌。牛肝菌的菌盖厚实多汁，营养丰富，再加上特有的类似坚果或松脂的香气，的确是让人垂涎的美味。我国是野生菌资源最丰富的国家之一，而云南省又是国内野生菌类、种类和产量最大的省份，牛肝菌在云南各地均有分布。大部分牛肝菌是可食的，也有少数品种是有毒或微苦不能食用的。那么你认识有毒的牛肝菌吗？如何才能安全地食用美味的牛肝菌呢？

如何识别有毒的牛肝菌?

有少数的牛肝菌是不能食用的。由于导致中毒的机制还不完全清楚，有可能与引起机体过敏有关，也有可能其中含有毒蝇碱、蟾蜍素、吲哚类衍生物等有毒成分，所以在食用的时候一定要清楚地辨别出以下几种有毒的牛肝菌:

1. 网孢海氏牛肝菌

网孢海氏牛肝菌的菌盖呈砖红色至褐红色，菌肉呈淡黄色，菌柄上部是黄色，中下部呈红色，有不完整网纹。主要分布在吉林、四川、云南等地。食用这种牛肝菌会引起胃炎和腹泻，中毒严重者会导致死亡。

2. 黄粉末牛肝菌

黄粉末牛肝菌明显的特点是在菌柄和子实层上有一层橄榄黄色粉末，并且常开裂形成鳞片状。它的菌肉呈淡黄色，菌柄呈棒状，基部越来越细。如果误食，会很快出现头晕、恶心、呕吐、腹泻等症状。

3. 苦粉孢牛肝菌

苦粉孢牛肝菌的菌盖呈灰白色或灰褐色，菌柄光滑，菌肉呈白色，菌柄呈棒状，上面浅下面深，有网纹。这种牛肝菌不但有毒而且很苦，如果误食会引起胃肠性中毒，如果兔子和豚鼠吃了，会立刻死亡。

“小人国幻视症”是怎么回事?

如果误食了云南山林里的一种被称为“见手青”的牛肝菌，会引起神经中毒，出现幻听幻视，导致“小人国幻视症”。“小人国幻视症”的主要表现是，患者会看到许多五彩的、性格活泼的小人儿蹦来跳去，同时还会从地上到天花板到处奔跑，引诱患者去抓。但理论上，这种蘑菇在充分烹饪后是可以食用的。然而食用后的症状因人而异，产生的“小人国”幻觉也不同。由于人们对生物碱的不同耐受性，可能导致出现的幻觉千差万别。

如何安全地食用牛肝菌?

要安全地食用牛肝菌，需要我们在采购时就要注意以下几点：

1. 优选曾经吃过的有把握的品种，尽量避免采购色泽奇特的牛肝菌。

2. 不要选购菌柄有红色网纹的。

3. 建议优先选购半开伞的牛肝菌，味道最好。过于幼小的牛肝菌特征不明显，不好识别；过于老熟的牛肝菌可能会因霉变产生新毒素。

此外，在加工和食用时，也要注意以下几点：首先，牛肝菌尽量切片，且炒煮熟透，不要急火快炒，不能生食或凉拌；其次，每餐最好只吃一个品种，注意食用量不要过多，不要混吃；最后，食用时不宜饮酒，因为饮酒会促进或加速毒素吸收，加重中毒症状。

第三篇

营养畜禽

瘦猪肉怎么那么多？难道是加了“瘦肉精”？

非洲猪瘟来了，猪肉还能吃吗？

“速生鸡”是激素催大的吗？

畜禽养殖为什么要用抗生素？检出抗生素残留的肉安全吗？

各种各样的鸡蛋迷人眼，该如何选择？

11 瘦猪肉怎么那么多？难道是加了“瘦肉精”？

30s快速阅读

1. 猪瘦肉多是因为育种和饲养管理，并不是使用了“瘦肉精”。
2. “瘦肉精”是一类β-受体激动剂药物，不是兽药，也不是饲料添加剂，因其添加到饲料中能提高动物的瘦肉率而得名。
3. “瘦肉精”对人体危害大，国家每年都开展“瘦肉精”专项整治，把“瘦肉精”作为重点监测和打击的对象。目前，“瘦肉精”在我国生猪养殖中的使用现象基本杜绝。

我国是世界第一养猪大国，也是猪肉制品第一消费大国。随着生活水平的提高和人民对健康意识的增强，大多数消费者都喜欢购买和食用瘦肉，所以，养殖户们便想方设法提高猪的生长速度、“瘦肉率”以及出栏率，以便达到最大的经济效益。

● 为什么猪瘦肉那么多?

现在猪的瘦肉率的提高一方面得益于品种的选择，另一方面得益于科学的饲养。在品种的选择方面，通常使用瘦肉型公猪，如长白、大约克夏、杜

洛克等公猪进行三元杂交。在饲养管理方面，遵循“小猪长骨、中猪长肉、大猪长膘”的原则，在肥育猪达到 60kg 体重前采取自由采食的饲养方式供给蛋白质和能量较丰富的全价日粮；在达到 60kg 体重后，降低饲粮中能量含量并限制饲养，尽量降低脂肪的沉积速度，就可以养出瘦肉率高的猪了。所以，猪瘦肉多是因为品种不同和科学的饲养管理，并不是因为使用了“瘦肉精”。

● “瘦肉精”是什么？有哪些危害？

“瘦肉精”是一类 β－受体激动剂药物，因其添加到饲料中能提高动物的瘦肉率而得名。常见的“瘦肉精”主要包括盐酸克伦特罗、莱克多巴胺和沙丁胺醇 3 种。其中，盐酸克仑特罗是使用最多的。添加盐酸克伦特罗高于人类疾病治疗剂量的 10 倍以上，可使瘦肉率提高 10%。

盐酸克仑特罗是白色或似白色结晶体粉末，属于非蛋白质激素，耐热，使用后会在动物体内残留，尤其在肝、肾等内脏器官中残留较高。食用含有“瘦肉精”的肉会对人体产生危害，主要表现为心率加速、代谢紊乱、血钾降低、肌肉震颤、头疼、恶心、呕吐等症状，特别是对高血压、青光眼、糖尿病、甲状腺机能亢进等疾病的患者有较大危害。

我国对瘦肉精的管理

我国早在 1997 年就发文禁止瘦肉精在饲料和畜牧生产中使用，后来农业部发布公告，禁止食品动物使用 β 激动剂类药物作为饲料添加剂（农业部公告、第 176 号、第 193 号、第 1519 号）。

此外，每年国家都会组织开展“瘦肉精”专项整治工作，将“瘦肉精”作为重点监测和打击对象。经过多年的努力，目前，“瘦肉精”在生猪养殖中的使用现象基本杜绝。

12 非洲猪瘟来了，猪肉还能吃吗？

30 s快速阅读

1. 非洲猪瘟潜伏期短，传播速度快，致死率达100%，对于养猪业来说是巨大浩劫。
2. 非洲猪瘟并非人畜共患病，其病毒并不会传染人类。
3. 从正规渠道购买的猪肉及其制品基本不可能含有非洲猪瘟病毒。
4. 非洲猪瘟病毒在日常烹饪过程中无法存活。

2018 年 8 月，我国辽宁省沈阳市出现首例非洲猪瘟后，疫情迅速蔓延至我国大部分省级行政区，严重危害了我国的养猪业。虽然疫情已经得到了有效处置，但是消费者依然担忧，是不是在非洲猪瘟疫情肆虐的情况下，吃猪肉要特别小心，甚至是最好就不要吃猪肉了呢？其实，这是对于非洲猪瘟不够了解，猪肉还是可以吃的。

● 什么是非洲猪瘟？

非洲猪瘟源于非洲，是一种急性、烈性、高度接触性传染病，我国将其列为一类动物疫病，是烈性外来疫病，其强毒株对生猪致病率高，致死率达 100%。20 世纪初期在肯尼亚首次发现并确诊，此后，一直存在于撒哈拉以南的非洲国家。20 世纪 50 年代后期流传至西欧和拉美国家，多数被及时扑灭，但当前在葡萄牙、西班牙和意大利等地仍有出现。2017 年 3 月，在俄罗斯远东地区伊尔库茨克州发现非洲猪瘟疫情，发生地距离我国仅有 1000km。 2018 年 8 月 1 日，在沈阳市沈北新区发生疑似非洲猪瘟疫情，8 月 3 日经中国动物卫生与流行病学中心专家确诊为非洲猪瘟。

此次猪瘟的原因主要是生猪及其产品的走私或贸易、跨国旅游者携带的猪肉及其产品、国际运输工具上剩余的餐厨剩余物及野猪迁徙等。在我国境内传播速度快，主要是由于生猪的异地调运、餐厨剩余物喂养及人员或车辆带毒传播。

非洲猪瘟病毒会传染人类吗?

非洲猪瘟并不是人畜共患病。也就是说，非洲猪瘟只传染猪，并不传染人，虽然对猪有致命危险，但对人却没有危害，属于典型的传猪不传人型病毒，并且猪是非洲猪瘟病毒唯一的自然宿主，除家猪和野猪外，其他动物不感染该病毒，即使吃到了病猪，且里面有活病毒存在，我们也不会因此而患病。

我们会吃到瘟猪肉吗?

非洲猪瘟病毒虽然不会感染人类，但作为消费者，仍然希望可以吃到新鲜的、具有品质保证的猪肉。按照我国政府对猪瘟疫情的防控机制，消费者吃到瘟猪肉的概率是极低的。首先，无论是哪个地区暴发了疫情，养猪场内甚至周边养猪场所有的生猪都会被统一捕杀，并进行无害化处理，即直接把猪的尸体通过湿法或者焚毁的方式处理。与此同时，所有与瘟猪接触过的人员及工具，也都会进行清洗和消毒，确认不会把病毒带出后，才算真正做到控制了污染源。在如此严格的防控机制下，消费者购买到瘟猪肉的可能性是相当低的。因此，只要是从正规售卖点购买的猪肉，都是经过了严格检验检疫的，可以放心食用。即便不巧真买到了瘟猪肉，猪瘟病毒也不可能在烹饪过程中存活。实验表明，55℃加热 30min 或者 60℃加热 10min，就能够将该病毒杀死。按照我们日常的烹饪方式和温度，非洲猪瘟病毒是无法存活的。

13 “速生鸡”是激素催大的吗？

30s快速阅读

1. 速生鸡之所以长得快，得益于优良的育种、科学的饲养和环境条件。
2. 给肉鸡喂食激素，不但不会促进生长，反而会增加死亡率。
3. 我国法律明令禁止在肉鸡养殖过程中添加激素。

“无鸡不成宴”。鸡肉作为我国居民的第二大肉食来源，富含蛋白质、脂肪、钙、铁等人体所必需的营养物质，其氨基酸组成与人体蛋白质相似，容易被人体所吸收，是不可多得的营养物质。但近年来网络流传的“速生鸡”频繁刺激着消费者敏感的神经，越来越多的人选择少吃或者不吃鸡肉。难道“速生鸡”真那么可怕，是靠激素喂大的吗?

● “速生鸡”为什么长那么快?

所谓的“速生鸡”，实际上就是快大型白羽肉鸡，是我国 20 世纪 80 年代从国外引进的，就是因为生长速度快、个头大、生长周期较短，才被冠名为“速生鸡”。

这种白羽肉鸡之所以长得快，主要归功于优良的鸡种、科学的饲养和环境条件。首先，优良的品种培育是关键。通过长期的系统选育，目前商品肉鸡达到 2kg 体重的饲养天数已经由 1976 年的 63 天缩短至 33 天了。我国引入的白羽肉鸡 42~45 日龄出栏，在当今的全球畜牧业范围内属于正常水平。其次，白羽肉鸡食用的饲料也非常科学，为了确保营养全面，会给刚开始吃食的雏鸡喂颗粒大小适中的“开食料”，以适应蛋壳外的新环境；开食后，会降低能量和蛋白质供应，以保证鸡群体格健康；然后才会提供高能量、高蛋白质的饲料，以提高增重速度。再次，在饲养环境条件上，对光照、温度、湿度这些指标都以周龄、日龄、时段为单位逐级设置，以精确控制最适宜的成长环境。

● “速生鸡”是因为喂激素吗?

养殖户是不会为了促生长而给白羽肉鸡喂激素的。一方面，研究证明，给白羽肉鸡喂激素，百害无一利。因为喂食激素不但对它们生长没有作用，反而会增加患腹水病及心脏病的危险，增加死亡率；另一方面，目前市场上并没有针对鸡肉生长的激素。我国在《兽药管理条例》《禁止在饲料和动物饮用水中使用的药物品种目录》（农业部第 176 号公告）《禁止在饲料和动物饮水中使用的物质》（农业部第 1519 号公告）等中都明令禁止在养殖过程中添加激素，否则将作为刑事案件进行处罚。所以，怀疑给白羽鸡喂食激素的消费者们大可放心。

14 畜禽养殖为什么要用抗生素？检出抗生素残留的肉安全吗？

30 s快速阅读

1. 为了疾病预防和控制，保障食品安全和人体健康，在现代化的畜禽养殖业中不可避免要使用抗生素。
2. 抗生素最早是在欧美等发达国家被允许使用的，目前世界范围内的畜禽养殖都会使用抗生素。
3. 在实际生产中，只要动物源性食品中抗生素残留量低于规定的安全限量标准，该产品就被视为安全，大可放心食用。

目前，有很多消费者认为市场上的畜禽肉里残留有很多抗生素，担心食用畜禽肉会对身体健康造成危害，尽量避免购买这些食物。畜禽肉中的抗生素到底有没有这么可怕？现在就一探究竟。

● 畜禽养殖中为什么要用抗生素？

在畜禽的养殖过程中使用抗生素，主要是为了疾病的预防和控制，以及保障食品安全和人体健康。

现代化的规模化养殖方式虽然提高了空间利用率，但是，由于养殖密度大，疾病传播速度快，在抵抗力下降时都会受到细菌等致病微生物的侵袭。而且，如果感染了副伤寒沙门氏菌、金黄色葡萄球菌、猪链球菌等致病性细菌，是会威胁到人类健康的。因此，抗生素的使用是不可避免的。就像人生病了要吃药一样，畜禽生病了也需要喂食抗生素。

● 只有我国允许使用抗生素吗?

在畜禽养殖中使用抗生素是保障畜禽健康生长必不可少的手段。最早在 20 世纪 40 年代，欧美等发达国家最先尝试将抗生素加入饲料中喂猪，结果发现对猪的生长速度和抗病力有很好的提升。于是，从 20 世纪 50 年代开始，世界各国开始效仿并使用抗生素进行畜禽养殖。2015 年 12 月，美国食品和药品管理局（FDA）发布的报告显示，美国每年生产的抗生素 70% 用于家禽家畜养殖。但是，随着抗生素的大量使用，也带来了耐药性、药物残留过高、部分消费者出现过敏中毒反应等问题。美国从 2014 年开始，计划用 3 年时间禁止在牲畜饲料中使用预防性抗生素，但并不是全面禁止抗生素的使用，对于动物疾病的治疗仍可以继续使用规定的抗生素。

为了防止抗生素滥用，世界各国早已就畜禽养殖中合理使用抗生素达成共识，我国的法律也明确规定了抗生素的使用种类、残留限量和休药期，并对养殖场的药物使用情况进行了严格监管，同时对产品中抗生素的残留问题进行持续的监控，若有违反相关法律法规的行为，将会受到严厉的处罚。

有抗生素残留的畜禽产品就不安全吗?

部分消费者认为，畜禽产品中检出抗生素残留就不安全，食用了这样的肉制品就会对身体产生危害。事实上，抗生素残留量只有达到一定程度，即超过规定的安全限量，才会对人体健康产生危害。

国际食品法典委员会（CAC）及欧美发达国家根据抗生素的种类、使用目的等制定了肉、蛋、奶等畜禽产品中抗生素残留的安全限量标准，即最高残留限量（MRLs）。农业农村部参照国际标准和欧美标准，制定发布了我国《动物源性食品中兽药残留最高限量》标准。这个标准是严格按照科学程序进行风险评估得出的结论。因此，只要动物源性食品中抗生素残留量低于规定的安全限量标准，该产品就视为安全，大家尽可以放心食用。

15 各种各样的鸡蛋迷人眼，该如何选择？

30s快速阅读

1. 各种“概念蛋”和不同蛋壳颜色的鸡蛋营养成分相差无几，无须过度关注。相较而言，鸡蛋的新鲜度更加重要。
2. 蛋黄越黄，表明含有的叶黄素较高，并不能说明整体营养价值越高。叶黄素主要来源于饲料。
3. 人体胆固醇的70%来自肝脏分泌，通过鸡蛋摄入的胆固醇相比量很小，并且，胆固醇是人体必需的营养成分之一，适当食用对身体是有益的。

每次去超市或菜市场都会看到各种各样、琳琅满目的鸡蛋，比如土鸡蛋、柴鸡蛋、五谷蛋、富硒蛋、初产蛋、乌鸡蛋、笨鸡蛋等。不但如此，蛋壳的颜色也多种多样，让人眼花缭乱。那么，我们到底该选择哪种鸡蛋好呢？哪种鸡蛋才更有营养呢？

● 不同品种的鸡蛋，哪种营养更好？

鸡蛋的营养成分主要是蛋白质、维生素、脂肪和矿物质等。拿普通鸡蛋和笨鸡蛋来看，普通笼养鸡蛋的蛋白质为13.35g/100g，胆固醇为911.3mg/100g；而笨鸡蛋的蛋白质为14.24g/100g，胆固醇为1044mg/100g。

近年来备受关注的“初产蛋”，作为开窝蛋，虽然蛋白质含量高一些，但是以单枚鸡蛋计算，由于普通鸡蛋一般比初生蛋重，所以，普通鸡蛋的蛋白质绝对量高于初产蛋；且普通鸡蛋中的磷脂、维生素A以及微量元素锌的含量高于初产蛋。

可见，不同鸡蛋的营养成分相差不多，细微的差别可能是养殖环境、管理方式、饲料配方不同等造成的。各种各样层出不穷的“概念蛋”，无非是商家的一种经营方式，消费者大可不必为了追求“概念蛋”而浪费冤枉钱。

● 不同颜色蛋壳的鸡蛋，哪个更有营养？

除了不同品种，市面上还有不同颜色蛋壳的鸡蛋，如白壳蛋、绿壳蛋、黄壳蛋等。它们的营养价值是否有区别？这就需要我们先了解一下蛋壳的颜色来自哪里？

所有的蛋壳最初都是白色的，只是在蛋壳形成阶段的后期，不同品种的母鸡会分泌色素，导致蛋壳变成了不同颜色，但当我们把蛋壳拨开，内表面的颜色还都是白色的。母鸡合成色素的遗传能力存在个体差异，即使相同品种的鸡蛋壳颜色也有一定的差别。也就是说，蛋壳的颜色取决于母鸡，而与其他人为因素无关。

此外，从饲料中获得的或人为添加的色素，并不能沉积到蛋壳中。比如，在鸡饲料里添加核黄素和 β－胡萝卜素，会使蛋黄的颜色变深，却不会改变蛋壳的颜色。

通过对不同颜色蛋壳鸡蛋的营养成分分析比较发现，不同颜色蛋壳的鸡蛋，营养成分相差无几。以蛋清中的蛋白质、蛋黄胆固醇和卵磷脂为例，绿壳鸡蛋中的含量分别为 7.26g/100g、1070g/100g、6.7g/100g，普通鸡蛋中的含量为 6.43g/100g、1160g/100g、6.1g/100g。

所以购买鸡蛋时，无须过度重视鸡蛋的品种和蛋壳的颜色，鸡蛋的新鲜度更重要。

● 鸡蛋蛋黄越黄越有营养吗?

大多数人认为，鸡蛋蛋黄的颜色决定了鸡蛋的营养价值，蛋黄颜色越深，表明鸡蛋的营养价值越高。

其实，蛋黄的颜色主要来自叶黄素。叶黄素的含量越高，蛋黄的颜色就越深。而叶黄素是植物成分，鸡只能通过饲料获取，所以饲料中叶黄素的含量决定了鸡蛋的蛋黄颜色。反之，鸡蛋蛋黄较黄，仅仅说明其含有的叶黄素较高，不能代表其整体营养价值更高。

除了鸡蛋以外，很多水果蔬菜中都含有叶黄素，比如胡萝卜、玉米等。若需要补充叶黄素，比较好的途径还是多吃水果蔬菜。

● 鸡蛋中的胆固醇高吗?

实际上，胆固醇是人体必需的营养成分之一，是维生素、性激素等重要生理活性成分的合成原料。鸡蛋中胆固醇主要集中在蛋黄部分。一枚鸡蛋的胆固醇含量为（300~500）mg/100g，其中，蛋黄中的胆固醇含量可达1510mg/100g，比其他动物源食品（猪肉、猪肝、羊肉、牛奶等）中的胆固醇含量要高。

但是，人体内的胆固醇 70% 来自肝脏分泌，只有 30% 来自食物摄取。通过鸡蛋摄入的胆固醇量比起我们自身制造的内源性胆固醇是非常少的。而且，人体对胆固醇的吸收有调控能力，摄入较高时，人体的吸收率就会相应减少，并不是吃多少鸡蛋就吸收多少胆固醇。

所以，大家尽可以放心地食用鸡蛋。

第四篇
生鲜水产

给螃蟹打针是真的吗？

黄鳝又粗又大，是喂了避孕药吗？

鱼头中的重金属含量高吗？

“麻醉鱼”能吃吗？

16 给螃蟹打针是真的吗？

30s快速阅读

1. 给螃蟹打针注水，会改变渗透压，导致螃蟹死亡，对需要鲜活食用的螃蟹来说得不偿失。
2. 后期添加的“蟹黄”很容易辨别，橙色液体可能是民间通过特殊的烹调方法做出来的。
3. 每年10月的螃蟹最为鲜美，可通过逗、看、捏3个步骤来选购好蟹。

青蟹，也称“膏蟹”，是螃蟹的一种，因含有丰富的蛋白质和对人体有益的微量元素，素有“海上人参”之美誉。但近年来，在广东、福建、山东、浙江等多地相继出现有关螃蟹打针的传言。有人说，这是无良商贩为了增重而给青蟹注水，这种螃蟹虽然很重，但实际上缺斤短两；还有人干脆猜测，这是在打蟹膏，打进去的橙色液体会凝固成“人工蟹膏”。这到底是怎么回事?

● 给螃蟹打针可行吗?

螃蟹是一种特殊的生物，都是以活物的形式进行销售的。一旦给青蟹强行注入液体，将改变渗透压，导致脏器受损，不到 10min 就会死亡。而且，通过注水给青蟹增加的质量微乎其微，注入异物后，蟹的口感也会变差。因此，给螃蟹打针是一种得不偿失的行为，商家不会也不可能这么做。

● 橙色液体究竟是什么?

有人猜测，这些橙色液体是用地瓜汁、蛋黄、食用明胶等调制出来的，商家是为了让螃蟹有“蟹黄”才给螃蟹注射的。但实际上，螃蟹的黄和膏都是在体内牢固生长的，是否是后来添加的，很明显就可以辨认。

经过调研发现，这种橙色液体可能是民间通过特殊的烹调方法做出来的。闽浙地区的厨师在蒸煮青蟹前，会将蛋黄兑上黄酒，直接注射到青蟹体内，这样蒸出来的青蟹不仅饱满好看，而且香甜可口。早期做这道菜时，会把青蟹在酒里泡一段时间，但现在为了快，就改用注射了。虽然在烹饪中允许对食材进行前期的加工和调味，但前提是不改变原料的自然属性。因此，并不推荐这种烹调方法。

● 如何选购好蟹？

俗话说：“西风响，蟹脚痒。”每逢中秋就是吃螃蟹的最好时节。此时的螃蟹黄多油满，非常鲜美。那么如何选购上好的青蟹呢?

逗一逗。青蟹天生生猛好斗，虽然市场上销售的青蟹都已经被五花大绑，但如果逗逗它，钳子和爪子孔武有力，就说明是健康蟹;

看一看。把青蟹举起来，背着光查看蟹壳锯齿状的顶端，如果是完全不透光的，说明比较肥满;

捏一捏。青蟹的壳比较厚实，脐部相对柔软，轻轻捏一下脐部，如果手感比较厚实，说明膏黄相对饱满。

需要注意的是，青蟹并不是越大越好吃哟。两三百克重的，吃起来口感相对较好。

17 黄鳝又粗又大，是喂了避孕药吗？

30s快速阅读

1. 黄鳝养殖过程中如果使用避孕药，不但不会促进其生长发育，反而降低了抗病能力，增加死亡率。
2. 人工养殖的黄鳝因为养殖密度较大，没有必要使用避孕药。
3. 养殖黄鳝又大又粗是由于科学的饲养技术所致，可放心食用。

俗话说：“冬吃一支参，夏吃一条鳝。”黄鳝的美味和高营养价值，让很多消费者都垂涎三尺。网络上关于“黄鳝生产中使用避孕药”的传闻，至今让消费者心有余悸。事实果真如此吗？养殖黄鳝又粗又大是因为吃了避孕药吗？

黄鳝有必要吃避孕药吗？

一般来说，黄鳝在长度 20cm 左右、还没有达到上市规格时，就可以达到性成熟，而性腺的发育会影响体重的增长。市面上有很多黄鳝又粗又大，所以就有人说，这是养殖者给黄鳝喂了避孕药。但事实上，养殖黄鳝的密度超过每平方米 4~5 条，鳝鱼就不会产卵，而现代人工养殖密度更高，根本就用不上避孕药。并且，根据农业农村部水产品质量安全风险评估实验室（武汉）的验证试验显示，在一个月内，给黄鳝吃避孕药，对于它的生长速度并没有显著效果，并且在一个月后还会造成黄鳝的大批死亡。所以，在黄鳝养殖中添加避孕药不仅没有必要，反而会导致鳝鱼抗病能力下降，增加死亡率，得不偿失。

● 养殖的黄鳝为什么又粗又大?

野生黄鳝在水温 10℃以下就会进入冬眠，不吃不动三四个月，当水温超过 30℃，它又要钻入泥潭中避暑不再进食。相比之下，由于科学的饲养技术，解决了在自然环境下影响生长的水温和饵料等问题，养殖黄鳝的生长速度明显快于野生黄鳝。同时，养殖黄鳝的活动空间又受到网箱、池塘等局限，消耗的能量也少很多。能吃少动，使得养殖黄鳝更“肥大”。

● 食用黄鳝安全吗?

通过近年来国家农产品质量安全风险评估专项对黄鳝主产区不同季节、不同规格黄鳝样品的跟踪评估，未发现含有己二烯雌酚、左炔诺孕酮等 27 种激素（包括了目前所有避孕药的有效成分）的检出。所以，大家可放心食用黄鳝。

18 鱼头中的重金属含量高吗？

30s快速阅读

1. 胖头鱼是最常食用的鱼头品种，其可食组织对不同重金属的蓄积程度是不同的，因此，不能称“重金属在鱼头中富集高”。
2. 不同鱼类的富集重金属能力不同，水体底层鱼类对重金属富集高于上层鱼类；年龄越长的鱼类，重金属的含量越高。
3. 在正常的水质状况下，养殖和捕捞鱼类的鱼头重金属含量均低于国家限量标准值，可放心食用。

美食界有“食肉不如食鱼，食鱼贵食鱼头”之说。在我国，有很多地方都有吃鱼头的习惯。然而近年来，网上有传言说“鱼头中富含重金属”，一些消费者认为鱼头比其他鱼体组织中的重金属含量更高，担心鱼头中重金属含量超标，危害健康。那么重金属是富集在鱼头中吗？不同种类的鱼组织中的重金属富集程度一样吗？

鱼头中重金属含量更高吗?

我们最常食用的鱼头品种是胖头鱼，学名鳙鱼。针对“鱼头中重金属含量是否更高”的问题，研究人员专门开展了模拟实验。通过对鳙鱼各可食用组织（脑、皮、肌肉）中的3种重金属（铅、镉、汞）含量的验证评估，结果发现，鳙鱼的不同组织对不同种类重金属的富集能力有所不同。其中，铅在这3种可食用组织中的蓄积量为：脑>皮>肌肉，镉的蓄积量为：皮>脑>肌肉，汞的蓄积量为：肌肉>皮>脑。因此，对于我们经常食用的胖头鱼来说，“重金属在鱼头中富集高”这一说法是错误的。

不同鱼类对重金属的富集程度一样吗?

不同鱼类富集重金属能力不同。通过对近年来我国淡水鱼类重金属含量状况的调查显示，不同种类的鱼体对同一种重金属的富集能力不同。一般地，鲤鱼等水体底层鱼类对重金属富集要高于鳙鱼、鲢鱼等上层鱼类，且年龄越长的鱼类，重金属的含量越高。

从连续多年对养殖鱼类中重金属的评估结果来看，在正常的水质状况下，养殖和捕捞鱼类的鱼头重金属含量均低于国家限量标准值，所以，大家尽可以放心食用。

19 “麻醉鱼”能吃吗？

30s快速阅读

1. 媒体报道的“丁香油水门汀”是一种常用的口腔诊疗剂，其主要成分丁香酚是一种食品添加剂。
2. 丁香酚作为活鱼麻醉剂在日本、新西兰、南非、中国台湾等国家和地区可合法使用。
3. 贮运过程中使用丁香酚麻醉活鱼主要是为了减少鱼体损伤，降低死亡率。
4. 丁香酚在我国用于活鱼麻醉的情况并不普遍，而且在鱼体中残留量低、消除快，评估显示，我国居民通过吃鱼摄入的丁香酚几乎无健康风险。

几年前，媒体曝光了北京最大的海鲜市场有商户向运送活鱼的运输车水箱内倒入一种补牙用的麻醉剂，名为“丁香油水门汀”，引起了大众的广泛关注。至今谈起“麻醉鱼”，很多消费者仍然心有余悸。为什么要在活鱼运输中使用麻醉剂呢？被麻醉的鱼还能不能吃？

麻醉剂是什么?

事实上，丁香油水门汀主要成分是丁香酚，也是起麻醉作用的活性成分，主要来自丁香、肉豆蔻、肉桂、罗勒、月桂等天然植物的花蕾、叶和茎。

丁香酚最常见的用途是镇痛消炎，很早以前就开始被用作口腔诊疗剂。随着其功能性的不断发掘，丁香酚还被用作食品风味剂，在中国、美国和欧盟等合法使用。20 世纪 70 年代开始，丁香酚对活鱼的麻醉功效被发现并得到广泛接受和应用，作为渔用麻醉剂已在日本、新西兰、南非、中国台湾等国家和地区合法使用。

为什么要给活鱼使用麻醉剂?

给活鱼使用麻醉剂，主要是为了降低转运过程中鱼体损伤及活鱼死亡率。

因为鱼类作为有感知能力的动物，在捕捞和贮运过程中，容易剧烈挣扎造成体表受伤，导致感染甚至死亡。因此，渔民或商户会适量使用一些麻醉剂让鱼暂时“睡”一会儿，以缓解鱼类的应激反应，减少贮运过程中的受伤情况，降低死亡率。

虽然，丁香酚在一些国家和地区可以合法用于活鱼麻醉，但是在我国，使用丁香酚麻醉的情况并不普遍。近几年，农业农村部水产品贮藏保鲜质量安全风险评估实验室（广州）的排查结果显示，仅有 10% 左右的活鱼样品检出了丁香酚残留。

“麻醉鱼”能放心吃吗？

联合国粮食及农业组织（FAO）/世界卫生组织食品添加剂专家联合委员会（JECFA）建议丁香酚的人体可接受日摄入量（ADI）为2.5mg/kg体重。也就是说，一个体重为60kg的成年人每天吃150mg以上的丁香酚才可能对身体产生危害。根据风险评估结果显示，我国居民通过吃鱼摄入丁香酚的量远低于人体可接受日摄入量，对人体造成的健康风险几乎可以忽略不计。此外，我们日常的蒸、煮、炖等热加工处理方式即可有效去除丁香酚残留，去除率可达80%以上。因此，大家大可不必因为“活鱼麻醉”而惊慌了。

第五篇

天然饮品

“龙井”和“西湖龙井”有区别吗？

喝茶的禁忌你知道吗？

如何泡茶更好喝？

进口牛奶和国产牛奶怎么选？

保质期长的牛奶是因为添加了防腐剂吗？

喝酸奶真的能减肥吗？

20 “龙井”和“西湖龙井”有区别吗？

30s快速阅读

1. 龙井茶是浙江特产，有西湖、钱塘和越州3个产地。
2. 西湖龙井久富盛名，资源相对稀缺。
3. 采摘时节、茶树品种和制作工艺决定了龙井茶独特的品质。

龙井茶是浙江省的特产，是国内外驰名的地理标志产品，其有特定的茶树品种要求、独特的加工工艺和限定的产地范围，并具有“色绿、香郁、味醇、形美”的特征，深受消费者的喜爱。

● 龙井茶都产自哪里?

龙井茶生产区域限定在浙江省 19 个县（市、区），被划分为 3 个产区：

1. 西湖产区：通称为西湖龙井，含西湖区和西湖风景名胜区；

2. 钱塘产区：杭州市萧山、滨江、余杭、富阳、临安、桐庐、建德、淳安县（市、区）辖区；

3. 越州产区：绍兴市柯桥、越城、新昌、嵊州、诸暨等县（市、区）辖区以及上虞、磐安、东阳、天台等县（市）部分乡镇。

● 西湖龙井贵在哪里?

3 个产区以西湖产区的龙井茶，即西湖龙井，最负盛名，只有在西湖产区范围内采摘龙井群体种、龙井 43、龙井长叶、迎霜、鸠坑等适制茶树良种的鲜叶并按龙井茶加工工艺制成的龙井茶，才能被称为“西湖龙井茶”。

就产地面积来看，西湖龙井茶的面积约占龙井茶生产面积的 2.4%，而核心产区（也称一级保护区，即西湖风景名胜区）的生产面积只占龙井茶面积的不到千分之一。由于悠久的产茶历史、优良的生产环境、精湛的手工炒制工艺、传统的栽培方式，西湖龙井茶品质更加优异，成为消费者竞相追逐的饮品。更由于资源相对稀缺，从而成为市场上售价最高的绿茶产品。

地道的西湖龙井茶，大多种在杭州西湖以南的山坳中。早春的山里，气温比较低，茶树生长慢，发芽不多，采摘的数量有限。若是遇上倒春寒天气，或多雨低温等天气原因，还可能导致减产。正常气候条件下，清明节前有部分茶园开采，由于产量少、品质优，加上抢先上市，所以有“明前茶，贵如金”之说。

● 如何辨别真正的西湖龙井?

一般来说，市面上正宗的西湖龙井茶都会有西湖龙井的原产地防伪标识，用手机一扫，就可以查询出相关信息。

西湖龙井主要由两个茶树品种鲜叶制成，龙井 43 和龙井群体种，从外形上看，龙井 43 外形的匀齐度较好，龙井群体种由于生物多样性，匀齐度不如龙井 43。西湖龙井的颜色根据不同的产地和厂家有一定的差别，例如，龙井村、翁家山等茶村往往带有糙米色，即绿中透黄，而梅家坞一带，外形色泽翠绿，因此，单凭颜色来判断真假西湖龙井，存在难度。内质上，西湖龙井的香气馥郁、持久，滋味甘醇、鲜爽，而其他地区的龙井茶香气不如西湖龙井馥郁、持久，滋味的醇滑度稍低。虽然西湖龙井的总体品质好于其他地区的龙井茶，但是并不代表其他地区没有品质优异的龙井茶。

另外，消费者在购买时还可以通过品种和上市时间来判断。首先，西湖龙井基本为龙井 43 和龙井群体种，乌牛早、白茶品种均不是西湖龙井茶；其次，西湖龙井茶的上市时间最早在每年的 3 月中旬，而其他地区的龙井茶，3 月上旬甚至 2 月下旬就上市了，太早上市的反而不是真正的西湖龙井。

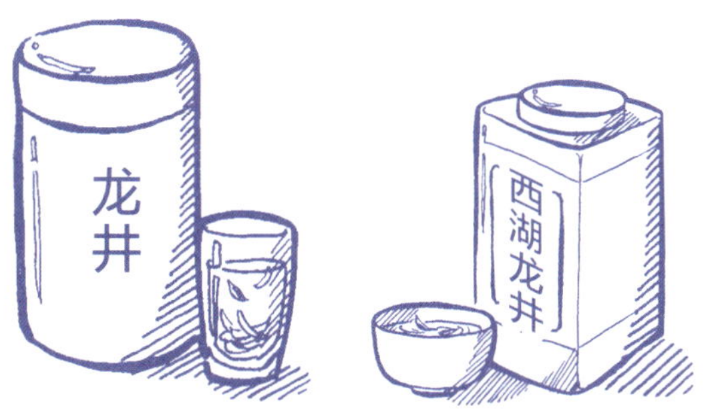

21 喝茶的禁忌你知道吗?

30s快速阅读

1. 夜晚饮茶尽量选择发酵类茶，且不宜饮浓茶。
2. 孕妇及哺乳期女性饮茶需控制。
3. 酒后不宜饮茶，药物送服不宜用茶水。

近年来，茶叶的功效及营养价值已经被越来越多的人认可，喝茶已成为人们日常生活中不可或缺的一部分。因个体之间体质有差异，因此，喝茶也有一些禁忌，如果控制不好，就会带来身体的不适，甚至会损害健康。

● 喝茶时间的禁忌

茶之所以有提神的作用，主要因为茶中有咖啡碱的成分。一般在茶冲泡2min之后，咖啡碱就大部分溶解出来了，此时的茶水会有很强的提神作用。所以，如果怕晚上喝茶影响睡眠的人可以喝淡茶，不宜饮浓茶。晚饭1h后喝茶，还可以促进肠胃蠕动，帮助消化。建议晚上饮用红茶、熟普，绿茶和乌龙茶中咖啡碱的含量比较高，不利于睡眠。对于一些情绪容易激动、肠胃功能差，或者睡眠情况一直不好的人，晚上还是不饮茶为好。空腹也最好不饮茶，因为空腹喝茶容易抑制胃液的分泌，影响消化功能，如果是不经常喝茶的朋友，还容易引发心悸等症状。

● 喝茶人群的禁忌

1. 孕妇

孕妇饮茶要严格控制。一方面，茶叶中的咖啡碱等物质可能会刺激胎儿，引起胎动增加，影响胎儿发育，增加心脏和肾脏负担；另一方面，茶叶中的茶多酚会和铁元素结合，形成一种不溶性物质，阻碍铁吸收，容易导致贫血，影响孕妇和胎儿的身体健康。

2. 哺乳期妈妈

哺乳期妈妈不可饮用大量浓茶。因为茶具有收敛作用，会减少乳汁分泌。同时，茶叶中的咖啡碱等物质可以通过乳汁分泌给婴儿，从而影响婴儿的发育。

3. 其他人群

神经衰弱、肝脏病人及溃疡病患者等人群不适宜饮茶，茶叶中的物质不但不会缓解疾病带来的不适，反而会加重病情，影响疾病的治疗。

● 喝茶的搭配禁忌

品茶之人喝茶的时候常常喜欢进行搭配，不同类别的茶搭配也很有讲究，例如，绿茶和柠檬搭配，乌龙茶和桂花搭配，红茶与玫瑰搭配，既有改变风味的作用，也有一些更美的观感。但有些食品和饮品是不适宜和茶搭配食用或饮用的。

1. 茶不适合与酒同饮

因为茶碱具有利尿作用，酒后饮茶，酒精转化的乙醛因茶碱的利尿作用而进入肾脏，从而对肾脏有较大的刺激性。此外，酒精对心血管的刺激性很大，而浓茶同样具有刺激心脏的作用，酒后饮茶，使心脏受到双重刺激，兴奋性增强，对于心脏功能不佳的人非常危险。

2. 药物不可用茶水送服

茶叶中的鞣酸可与某些药物（如硫酸亚铁片、枸橼酸铁铵、黄连素等）起化学反应而产生沉淀，影响药物吸收。如果用茶水服用镇静药（如苯巴比妥、安定等），则茶叶中的咖啡碱和茶碱等会使药物的镇静作用抵消或减弱。因为药物种类很多，不容易掌握，所以应一律用温水送服，不要用茶水送服。

22 如何泡茶更好喝?

30s快速阅读

1. 泡茶时茶叶和水的用量与茶叶种类、冲饮方法和饮用习惯有关。
2. 通过水温改变茶叶成分的溶解程度可以影响茶汤滋味和茶香。
3. 不同类别的茶叶冲泡时间、次数及所用器具均不同。

茶叶是风靡世界的三大无酒精饮料(茶叶、咖啡和可可)之一,具有明目、减肥、利尿、降压、降脂的功效。然而,不同的茶叶有不同的习性,顺应茶性泡出来的茶,才能最大程度发挥出一片片茶叶的神韵。好茶、好水、好茶具,还要有好的泡茶技术,才能真正泡出一杯好茶。泡茶时应关注茶叶用量、茶水比、泡茶水温和冲泡时间。

● 茶叶的用量

泡茶时每次茶叶用量多少,并无统一的标准,根据茶叶种类、茶具大小以及消费者的饮用习惯而定。茶叶种类繁多,茶类不同,用量各异,水和茶叶的用量与茶的饮用方法有关。如冲泡一般红、绿茶,茶与水的比例大致掌握在1:(50~60),即每杯放3g左右的干茶,加入沸水150~200mL;

普洱茶，每杯放 5g 左右。用茶量多的是乌龙茶，每次投入量约 7g，水量和茶量比一般为 25 ：1，由于浓度高，一般宜用小杯细饮。

● 泡茶的水温

茶叶冲泡温度的掌控很重要，不同种类茶叶冲泡的温度也不同。概括起来，烧水要大火急沸，以刚煮沸起泡为宜。通过水温改变茶叶成分的溶解程度来影响茶汤滋味和茶香。

绿茶比较细嫩，不适合滚烫的沸水冲泡，水温以 85℃为宜，泡出来的茶，汤色清翠碧绿而透明清澈，最好现泡现饮。乌龙茶是半发酵茶，如铁观音、大红袍等。泡乌龙茶最好用紫砂壶或盖碗杯，并且一定要用 95℃的沸水，乌龙茶的投叶量比较大，茶叶基本是用壶或盖碗的三分之一至一半，泡后加盖。

黄茶属于轻发酵茶，蒙顶黄芽、君山银针、沩山毛尖等都属于黄茶。其茶质细嫩，所以冲泡温度最好在 85℃左右为宜。

红茶是全发酵茶，其代表名茶是祁门红茶。常见的红茶有高档工夫红条茶和红碎茶。与绿茶不同的是，高水温浸泡能够促进其中有益成分溶出，因而，泡红茶最好用刚煮沸的水。

黑茶是后发酵茶，在贮存中仍然可以随着时间的推移进行自然的陈化，在一定时间内，还有越陈越香的特点，冲泡时也要用 100℃的沸水。

白茶冲泡选用上好的水是最重要的，由于白茶原料细嫩，叶张较薄，所以冲泡时水温不宜太高，一般掌握在 80~85℃为宜。

冲泡方法

冲泡绿茶一般选用玻璃杯，这样不但不会闷坏茶叶，还可以欣赏绿茶在水中沉浮起舞的形态。

冲泡乌龙茶一般选用紫砂壶或者是盖碗，乌龙茶的投茶量（茶水比）也比较大。冲泡乌龙茶的时间由短变长，开始只需几秒就够，依冲泡次数增加而加长。

黄茶冲泡用玻璃杯或瓷杯，尤以玻璃杯泡君山银针为最佳，可欣赏茶叶似群笋破土，缓缓升降，堆绿叠翠，有“三起三落”的妙趣奇观。用盖碗冲泡黄茶，3g 茶，100mL 水，水温 80℃左右，先温杯，再投入茶叶，注少量开水润湿茶叶，第一泡 1min20s 出汤，第二泡时间缩短为 50s，第三泡时间须延长至 1min，比第一泡时间略长。

红茶冲泡品茗杯一般选择内壁白色的，或透明的玻璃小杯。冲泡大叶种红茶，投茶量适当减少，冲泡时间缩短，茶水比 1 ：（60~70），冲泡时间 1min 左右，水温 95℃左右。冲泡小叶种红茶，茶水比 1 ：（40~50），冲泡时间 1~2min，水温 85℃左右。

黑茶一般用紫砂壶、盖碗杯都可以。盖碗冲泡黑茶，5g 茶，100mL 水，水温 80℃左右，先温杯，再投入茶叶，注少量开水润湿所有茶叶，第一泡 40s 出汤，用公道杯盛汤，分入品茗杯中分享。第二泡 10s，第三泡 15s，第四泡 30s，第五泡 35s。由于黑茶耐泡，可以冲泡到 6~7 次，时间均不超过 40s。

23 进口牛奶和国产牛奶怎么选?

30s快速阅读

1. 多项主要指标显示，我国奶产品的质量达到历史最好水平。
2. 我国生鲜乳的生产越来越规范，产品也越来越安全、优质。
3. 进口奶为了长途运输延长保质期，可能会进行过度加热，进而降低了奶中的活性物质，新鲜程度反而不如国产牛奶。

牛奶被誉为“白色血液”，是老百姓餐桌上不可或缺的食品。在购买牛奶的时候，相信好多消费者都会迷茫：到底是选国产奶还是进口奶呢？有些消费者认为要买进口牛奶，因为国外的养殖环境好，奶源有保证。也有些消费者就坚持买国产的，觉得自己家门口生产的牛奶新鲜，只要买正规企业生产的，安全肯定有保证。那么，国产奶和进口奶究竟怎么选?

● 国产牛奶的整体情况

近年来，我国不断开展生鲜乳专项监管行动，并连续实施生鲜乳质量监测计划。从多项主要指标可以看出，我国奶产品的质量已达到历史最好水平。其中，抽检合格率已连续多年保持在 99.7% 以上；三聚氰胺等重点监控违

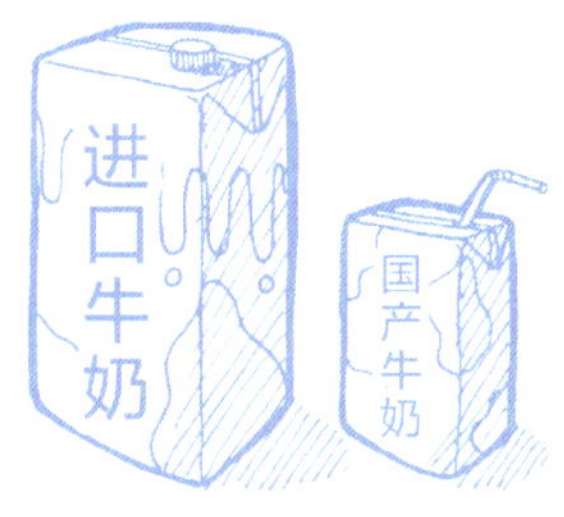

禁添加物抽检合格率连续 11 年保持在 100%；乳制品抽检合格率连续 5 年超过 99.9%。

国产牛奶和进口牛奶的质量安全对比

国际上，生鲜乳中体细胞数高低是判断养殖场奶牛乳房炎和兽药残留状况的重要指标，美国限量标准是每毫升生鲜乳中不超过 75 万个；欧盟限量标准则更严，要求不超过 40 万个，而我国规模牧场生鲜乳样品的体细胞数平均值为每毫升 30.1 万个。并且，从近年的趋势来看，体细胞数平均值还在逐年下降。可见，我国生鲜乳的生产越来越规范，产品也越来越安全、优质了。

此外，我国每年都针对奶产品开展专项评估。2018 年，农业农村部奶产品质量安全风险评估实验室对全国 286 批次的液态奶及婴幼儿乳粉评估显示，霉菌毒素、兽药残留、违禁添加物等关键风险因子均符合国家限量标准，国产牛奶与进口奶中不存在显著差异。我们的国产奶源质量是非常有保障的。

● 国产牛奶和进口牛奶的营养差异对比

除了质量安全方面的数据可以和国际水平媲美以外，国产牛奶的营养价值和进口牛奶的营养价值一样高。根据调研结果显示，进口 UHT 奶和进口巴氏杀菌奶的保质期是长于国产 UHT 奶和国产巴氏杀菌奶的。科学家们发现，进口 UHT 奶和进口巴氏杀菌奶中的糠氨酸含量（$p < 0.05$）均显著高于国产奶，存在过度加热和添加复原乳的风险。其活性功能蛋白含量（$p < 0.05$）也显著低于国产 UHT 奶。这可能是因为进口奶要保证长途运输，为了延长保质期进行了过度加热，进而降低了奶中的活性物质。这样看来，其新鲜程度反而不如国产牛奶。

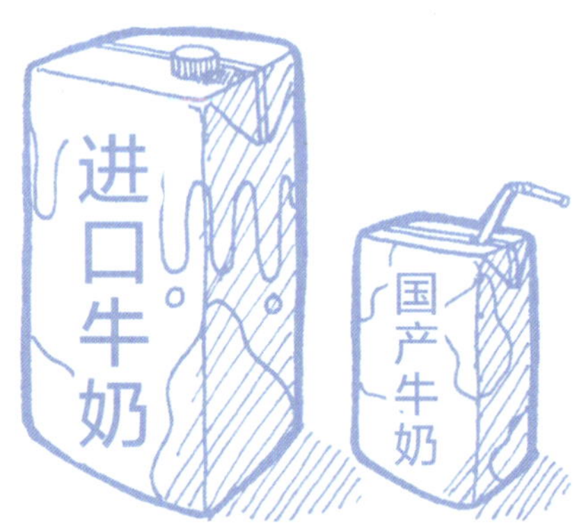

24 保质期长的牛奶是因为添加了防腐剂吗？

30s快速阅读

1. 牛奶的保质期是由杀菌方式和包装方式决定的。
2. 我们所喝的牛奶中并没有添加防腐剂。
3. 不同加工方式下的牛奶中蛋白质和钙的含量变化不大，但巴氏杀菌奶比超高温灭菌奶能更好地保持牛奶风味和活性功能成分。

随着生活水平的提高，牛奶已经成为日常家庭饮食的标配，然而，市面上各种品牌、各种类型的牛奶琳琅满目，消费者常常挑得眼花缭乱，无从下手，而保质期则逐渐成为消费者挑选牛奶的主要参照。大多数消费者认为牛奶的保质期越短，说明牛奶越新鲜，食品添加剂越少，安全性也越高。反之，保质期越长，说明牛奶中添加了防腐剂，而防腐剂对于身体健康一定会有所损害。实际上真的是这样吗？

● 牛奶的保质期是由什么决定的？

牛奶的保质期是由杀菌方式和包装方式决定的。巴氏杀菌乳采取的是巴氏杀菌法，即温度在 65℃左右持续 30min，或者在 72℃加热 15s，处理过的牛奶通常保质期只有几天，需要冷链运输，冷藏保存。灭菌乳采用的是超高温灭菌技术（UHT），是把牛奶瞬间加热到至少132℃，这样处理过的牛奶，几乎杀灭了全部的细菌，保质期可以达到6个月以上，而且不需要冷链运输，也可以常温贮存。

对于牛奶来说，牛奶的包装也是至关重要的一环，只做好杀菌，但是包装不过关，同样会导致牛奶的品质下降，保质期缩短。对于牛奶包装来说需要做到阻氧、阻光、防潮、防异味、保香。常见的牛奶包装包括玻璃瓶，枕状、砖状利乐包及屋顶盒。玻璃瓶的牛奶在过去很常见，然而因为保质期过短，逐渐淡出了大家的视野；塑料袋的牛奶因为阻隔空气的密封性差，所以现在也很少使用。现在市场上最多的是以枕状和砖状为主的利乐包和代表着巴氏牛奶的屋顶盒，其中枕状和砖状的利乐包是以纸铝塑等材料复合六层所制成的包装，隔绝性很好，是常温奶的标志、便捷贮藏的代表。枕状利乐包的常温奶保质期一般为45天左右，砖状为3~6个月。巴氏奶一般为屋顶盒包装，陈列于冷藏柜中销售，保质期7天左右。

● 牛奶中含有防腐剂吗?

经过消毒、灭菌等步骤后，牛奶的品质已经可以达到不同保质期的要求，所以没有必要添加防腐剂。常温奶因为杀灭微生物更彻底，再加上通常采用无菌复合纸包装，无须冷藏和防腐剂就可以使牛奶在常温下保存很长时间，添加防腐剂只会增加成本，并无任何效用。因此，我们所喝到的牛奶，包括冷藏牛奶、常温牛奶、复原乳、调制乳等，都是不含防腐剂的。

● 不同类别的牛奶有什么差别?

纯牛奶除了按照脂肪含量分为全脂、低脂和脱脂外，还可以根据消毒方法分为未消毒的生乳、巴氏杀菌乳及灭菌乳。未消毒的生牛奶是不能直接饮用的，因为里面可能含有布鲁氏杆菌、李斯特菌，沙门氏菌等病菌，对人体健康有一定的危害。

从营养角度来说，杀菌温度越高，牛奶的营养损失越大。但蛋白质和钙作为牛奶的主要营养物质，它们几乎不受高温影响，因此对于牛奶是否杀菌来说，蛋白质和钙含量不会有太大差别，不耐热营养成分如维生素 B_1、维生素 B_2、维生素 B_{12} 和一些活性蛋白等经过瞬时高温灭菌后，会有所损失，但营养物质总量却没有减少，且人体可以通过蔬菜和水果等其他途径补充。

从风味上讲，高温会使牛奶中一些挥发性强的风味物质有所损失，其中的乳糖会焦化，蛋白质与乳糖还会发生一定程度的美拉德反应使牛奶褐变，破坏牛奶原有的风味。

因此，如果忽略不同品牌牛奶口感差异，相比于超高温灭菌法，巴氏杀菌则能更好地保持牛奶的风味和营养品质。

25 喝酸奶真的能减肥吗?

30s快速阅读

1. 酸奶的主要作用在于补充益生菌，调节肠道环境；风味酸乳和风味发酵乳的含糖量比发酵纯酸奶高。
2. 酸奶中的益生菌功效必须通过“连续食用”“活的”“一定剂量”的“特定菌株”才能实现；活的益生菌只存在于低温酸奶中。
3. 常温酸奶虽然没有活性乳酸菌，但依然是蛋白质和钙的良好来源。

酸奶作为常见的乳制品，近年来被越来越多的消费者认可，在很多消费者心中，对酸奶的喜爱甚至超过纯牛奶。酸奶含有大量活的乳酸菌，在帮助消化及调整肠道菌群方面有优势，同时，酸奶中的部分蛋白质已经被乳酸菌水解成了氨基酸和多肽，更易消化吸收。当前，网上关于酸奶减肥的方法五花八门，那么，喝酸奶真的能减肥吗?

● 酸乳、发酵乳、风味酸乳、风味发酵乳有什么区别?

在国家标准中，酸乳、发酵乳、风味酸乳、风味发酵乳都属于发酵乳，但糖含量却不尽相同，风味酸乳和风味发酵乳的糖含量甚至比某些碳酸饮料还高。让我们一起来看看各种发酵乳的界定。

酸乳指只用奶或者奶粉为原料，经保加利亚乳杆菌（德氏乳杆菌保加利亚亚种）和嗜热链球菌对其进行发酵而成的一种乳制品。

发酵乳指只用奶或者奶粉为原料，经任意菌种对其进行发酵而成的一种乳制品，酸乳属于发酵乳的一种。

风味酸乳指以80%以上生牛乳、生羊乳或奶粉为原料，并添加其他原料，然后经保加利亚乳杆菌（德氏乳杆菌保加利亚亚种）和嗜热链球菌（任意菌种）对其进行发酵而成的一种乳制品。发酵前或发酵后通常会添加食品添加剂、营养强化剂、果蔬、谷物等，这些添加剂中往往包括白砂糖、果葡糖浆、果胶等，以此来调节口味和黏稠度。

我国规定，凡是添加剂多于两种的酸乳，必须在包装上写明“风味酸乳”。由此可见，风味并不是说口味。添加了“风味”二字，就不能算真正的纯酸奶了，糖和能量都要比正常发酵的纯酸奶高得多。因此，从健康及减肥的角度来看，要尽量选择添加剂比较少的酸乳、发酵乳。如果喝错了，不但不会减肥，还会长肉。

● 酸奶中的益生菌真的可以减肥吗?

很多人认为酸奶可以减肥，主要原因是酸奶中含有益生菌，有助于消化和调理肠道。但事实上，益生菌作为一类对宿主有益的活性微生物，必须通过“连续食用”“活的”“一定剂量”的“特定菌株”才能发挥作用。而酸奶里的乳酸菌要保持活性，必须处在低温环境里，如果外在环境高于8℃，乳酸菌的活性就会遭到破坏。

补充益生菌调节肠道环境并不等于减肥，事实上并不存在吃了可以减肥的食物，只有对减肥有帮助的食物。

● 如何选择营养丰富的纯酸奶？

首先，要选择低温酸奶，低温酸奶中才可能有活性乳酸菌。常温酸奶虽然没有活性乳酸菌，但依然是蛋白质、钙的良好来源，且对于胃肠道脆弱的人，常温酸奶比冷藏酸奶更合适。其次，无论是冷藏酸奶还是常温酸奶，建议优先选择原味酸奶，避免选择有“风味”“复原乳”等字样的酸奶，即避免选择带有各种添加剂的酸奶。最后，要看乳酸菌种，酸奶中常见的菌大概有4种，L-保加利亚乳杆菌、A-嗜酸乳杆菌、B-双歧杆菌、S-嗜热链球菌，在包装上常标注为ABSL或LABS。保加利亚乳杆菌（L）和嗜热链球菌（S）是发酵酸奶的基本菌，普通酸奶都是这两种菌共同发酵而成，但是它们达不到益生菌的功能和作用。要想选择含有益生菌的酸奶，就要去寻找含有“双歧杆菌”“嗜酸性乳杆菌”和“鼠李糖乳杆菌”的酸奶了。

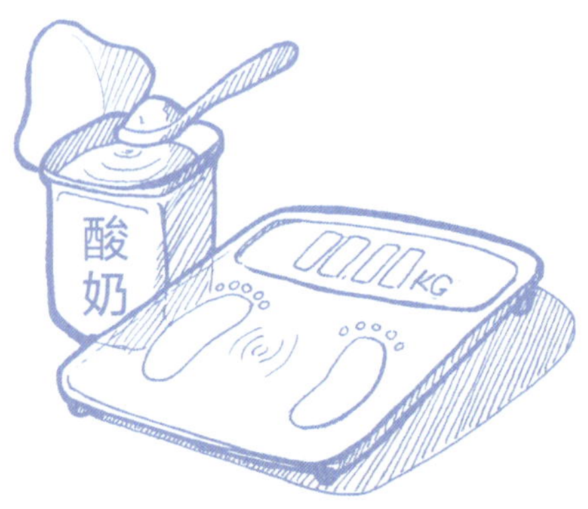

第六篇

营养及其他

"硒"元素类营养品真的那么神吗？

"红枸杞"和"黑枸杞"，哪个更适合你？

蜂王浆含有大量雌激素吗？

你了解"膨大剂"吗？

"催熟剂"是怎么回事？

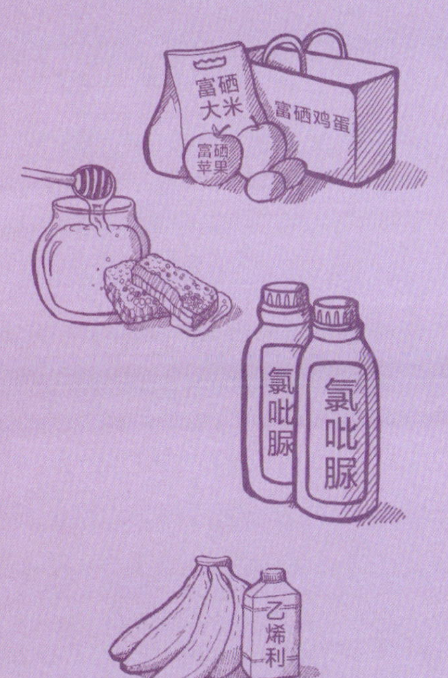

26 "硒"元素类营养品真的那么神吗？

30s快速阅读

1. 硒是人体内不可缺少的微量元素，在抗氧化、抗癌、增强免疫功能、预防心血管疾病等方面存在较大的潜能。
2. 植物活性硒是人类和动物允许使用的硒源。
3. 多吃含硒高的天然食物可以安全有效地补硒。
4. 补硒非常有必要，但是不宜多补。

矿物质是人体所必需的七大营养素之一。在矿物质中，除了钾、钙、钠、镁等这些常量元素外，铁、锌、铜、硒等微量元素同样不可或缺，它们虽然占人体总质量不足万分之一，却是维持健康的必需元素。近年来，随着"富硒大米""富硒鸡蛋""富硒茶""富硒水果"等一系列富硒农产品和含硒保健品在市场上畅销，硒元素与人类营养和健康的关系逐渐被大家所关注。

● 硒元素在人体内非常重要

硒是人体必需的元素，又不可自制，世界卫生组织建议每天补充 200μg 硒来有效预防多种疾病。研究发现，硒在抗氧化、抗衰老、抗癌、增强免疫功能、预防心血管疾病和抗病毒等方面可能存在较大的潜能，血硒水平的高低与癌症的发生有关。美国食品药品管理局（FDA）指出："硒能降低患癌风险""硒可在人体内产生抗癌变作用"。

人体缺硒的表现主要是脱发、脱甲，部分患者会出现皮肤症状，少数患者可出现神经症状及牙齿损害。如果轻度或中度缺硒，征兆或症状并不明显。

● 需要额外补硒吗?

硒分为植物活性硒和无机硒两种。无机硒一般具有较大的毒性，不易被吸收，所以不适合人和动物使用。而植物活性硒是通过生物转化与氨基酸结合而成，一般以硒蛋氨酸的形式存在，是人类和动物允许使用的硒源。富硒食品一般分为天然富硒食品（又称植物活性硒食品）和外源硒富硒食品（也称人工有机硒食品）。

由于人体没有长期贮藏硒的器官，因此需要不断从日常饮食中进行补充。生活中有很多含硒高的天然食物，比如海参、大黄鱼、海虾、牡蛎等水产品，动物的肝、肾等脏器，以及各种蛋类和肉类等动物食品。多吃这些食物可以安全有效地补硒。

● 富硒食品吃得越多越好吗?

硒固然重要，但并非补得越多越好。根据《中国居民膳食营养素参考摄入量》（2016 版），成年人每人每日硒元素的推荐摄入量为 60μg，可耐受的最高摄入量为 400μg，而缺硒成年人每日食物外补硒 50μg 即有保健作用。

2002 年公布的全国居民膳食营养调查显示，人群硒摄入量为 39.9μg/d。2015 年国家卫计委发布的《中国居民营养与慢性病状况报告》中，硒人均日摄入量为 44.6μg/d。因此，对于正常人群，平时只要适当食用富硒农产品，不偏食、挑食，注意均衡营养，就可以摄取充足的硒，满足机体的生理需求量。

需要注意的是，硒并不是补得越多越好，一旦补充过量，将会出现中毒症状，导致四肢麻木、头昏眼花、食欲不振、头发脱落、肠胃功能紊乱等，甚至危及生命。因此，补硒虽有必要，但要科学补硒，不能过量！

27 “红枸杞”和“黑枸杞”，哪个更适合你？

30s快速阅读

1. 红枸杞和黑枸杞都是来自茄科植物的干燥成熟果实，是具有药用价值的保健品。
2. 红枸杞富含枸杞多糖，黑枸杞除富含多糖外，还含有大量的花青素。
3. 红枸杞侧重于滋养肝肾、益气补血，年轻人食用可滋养肝肾，中老年人食用可以有效保持身体活力。黑枸杞则抗氧化效果明显，有益于月经不调和心血管健康。

红枸杞和黑枸杞都是来自茄科植物的干燥成熟果实，红枸杞色红、粒大、肉厚、含糖量高、味甜。黑枸杞主要生长在海拔2800~3000m的盆地沙漠地带，果实色黑且颗粒小，带有果柄，含糖量低，直接嚼食只有一点甜味。这两种枸杞都具有药用价值，是大众普遍认可的保健食品。但哪一种更健康？哪一种更适合自己呢？

● 红枸杞和黑枸杞的营养成分有何区别？

红枸杞的主要营养成分有枸杞多糖、胡萝卜素、维生素、氨基酸以及锌、铁、钙等微量元素，对人体健康的益处包括养肝明目、补肾益精、消除疲劳、抗肿瘤等。

黑枸杞的主要营养成分除了富含蛋白质、枸杞多糖、氨基酸、维生素、矿物质等营养成分外，还富含花青素，其含量高的可达到蓝莓的 10 倍以上、葡萄的 50 倍以上。花青素是目前国际上公认的消除人体内自由基有效的天然抗氧化剂，具有很强的体内活性。

相较而言，黑枸杞中的游离氨基酸、维生素 C、脂肪和含量均高于红枸杞，有利于人体直接吸收；铁、钙、镁、锌、铜的含量也高于红枸杞的平均含量。

● 红枸杞和黑枸杞的食用方法一样吗?

红枸杞不怕高温，可以泡水、泡酒、熬汤或者直接嚼食等，药用量宜每天 10~15g。

黑枸杞因含有花青素，怕高温，所以泡水要用 60℃以下的温水或者是冷水冲泡，也不能长时间进行熬汤、煮粥用。由于花青素在不同酸碱度的水中会呈现不同的颜色，所以黑枸杞在酸性水中是呈红紫色的，在碱性水中是蓝紫色的。由于黑枸杞的营养成分和滋补性都很强，所以成人一天食用 3~5g 就可以了。

● 红枸杞和黑枸杞的功效有何不同?

红枸杞被称为中药四宝之一，足以看出红枸杞的药用价值丰富，中医认为，红枸杞具有补养肝肾、益气补血等作用。从功效上看，红枸杞更侧重于肝肾、气血的滋养。年轻人食用可滋养肝肾，中老年人食用可以有效保持身体活力。

黑枸杞在古代书籍记载可用于治疗妇科疾病、心痛病和心热病等，因此，黑枸杞被广泛用于治疗月经不调、心血管等方面的疾病，这也是黑枸杞价格高且备受欢迎的原因。研究显示，黑枸杞富含的花青素和枸杞多糖，不但对动脉硬化有好处，对视力也有非常好的保护作用。

28 蜂王浆含有大量雌激素吗?

30 s快速阅读

1. 蜂王浆是工蜂咽下腺和上颚腺分泌的乳白色或淡黄色浆状物，含有丰富的营养物质和生物活性成分，是一种纯天然的保健品。
2. 蜂王浆中几乎不含雌激素，仅在少数蜂王浆样品中检出雌激素，但含量极低。
3. 服用蜂王浆与乳腺癌的发病率并无相关性。
4. 建议过敏体质者、孕妇和青少年最好不要服用蜂王浆。

蜂王浆是公认的一种纯天然营养保健品，受到世界各国消费者的青睐。我国是蜂王浆的生产及出口大国，在国际蜂业市场上占有举足轻重的地位，世界上 90% 的蜂王浆都来自中国。然而，近年来有传言称“蜂王浆中含有大量雌激素，吃了会得乳腺癌”。事实果真如此吗？蜂王浆中的雌激素会增加罹患乳腺癌的风险吗？

蜂王浆含有大量雌激素吗?

蜂王浆是工蜂咽下腺和上颚腺分泌的乳白色或淡黄色浆状物，含有丰富的蛋白质、磷脂、有机酸、活性肽、脂肪酸、维生素、矿物质等营养物质和生物活性成分，且具有一定的抗氧化活性、抗过敏活性、抗炎活性、免疫调节活性和抗肿瘤能力。

雌激素由卵巢的成熟滤泡分泌（睾丸、胎盘和肾上腺也可分泌），主要有雌酮（E1）、雌二醇（E2）、雌三醇（E3）3 种。所有的动物类食品中都可能含有雌激素，而内源性激素是动物性食品中的天然成分。研究表明，蜂王浆中几乎不含雌激素。虽然在少数蜂王浆样品中检出痕量的雌激素，但含量极低，88.5% 的样品中雌激素含量低于 1.0μg/kg，远远低于日常消费的食品中雌激素含量。所以，传言中对蜂王浆中含有雌激素的随意夸大是违背科学的。

蜂王浆中的雌激素会导致乳腺癌吗?

根据国际食品法典委员会（CAC）规定的每日允许摄入量（ADI）[5×10^{-5}mg·（kg·d）$^{-1}$] 和残留量（1.0μg/kg）来计算，一个成年人（体重 60kg）每天食用 3kg 蜂王浆，才会对人体造成危害。而实际上蜂王浆的每日推荐剂量仅为 10~15g，远低于每日允许摄入量的蜂王浆食用量。可见，通过服用蜂王浆摄入的雌激素含量微乎其微。同时，江苏省疾控中心的长期调查结果显示，服用蜂王浆并不会增加罹患乳腺癌的风险，与乳腺癌的发病率没有任何相关性，因此，大家尽可以放心食用。

● 食用蜂王浆的小禁忌

所有的保健品都有它的适用人群，蜂王浆也不例外。为了避免可能的风险，建议过敏体质者、孕妇和青少年最好不要服用。

29 你了解“膨大剂”吗？

30s快速阅读

1. 能够促进果实增大增重的植物生长调节剂，俗称为“膨大剂”。
2. 常用的“膨大剂”如氯吡脲，其毒性小，代谢快，按规定使用不会对人体健康造成危害。
3. 水果果实大小通常与本身的品种特性相关，通过施用“膨大剂”增大果实，效果是有限的。
4. 如果“膨大剂”使用过量或操作不当，会适得其反。

随着各种农产品质量安全事件的频频曝光，消费者对于农产品的选择也越来越谨慎，不敢再追求那些又大又圆的水果了，生怕经过人工干预后成熟的水果对健康会产生影响，寻求自然生长条件下的瓜果成为如今的消费新趋势。难道那些又大又圆的西瓜、西红柿等瓜果都是打了“膨大剂”的吗？打了“膨大剂”的水果就是有毒水果吗？

● “膨大剂”是什么?

常用的膨大剂主要为氯吡脲，又称吡效隆、脲动素、施特优等，是我国在 20 世纪 80 年代末从日本引入的。

氯吡脲是一类与植物激素具有相似生理和生物学效应的物质。它是通过调节植物体内激素的分泌来发挥作用的。它不仅能促使植物细胞加倍分泌细胞分裂素，还能促使生长素的分泌，扩大细胞体积，从而促进果实增大增重。氯吡脲在我国的西瓜、黄瓜、甜瓜、葡萄、猕猴桃和枇杷上均已取得登记并被允许使用。

● 经过膨大的水果安全吗?

在国际上，迄今为止还未发生过因氯吡脲残留而引起的食品安全事件。而且，从科学的数据来看，氯吡脲的毒性还不及我们每天食用的食盐高。氯吡脲的急性经口半致死量为 4918mg/kg, 而食盐是 3200mg/kg，而且使用氯吡脲促生长的用量都非常小。因此，只要是按照国家规定适量使用膨大剂的水果，都是非常安全的，可放心食用。

● 又大又圆的水果是用了“膨大剂”吗?

事实上，水果果实的大小主要取决于品种本身的品种特性，而通过施用“膨大剂”来增大果实的效果是有限的。比如“乒乓球葡萄”“超大杨梅”等，大部分都是近年来研发的新品种。

大家普遍关心的实心草莓和空心草莓也是如此，是否空心主要是由品种决定的。生长周期不稳定、气候冷暖交替、氮肥施多、果实生长过大等其他原因也会导致空心果出现。国家农产品质量安全风险评估项目的模拟验证实验结果显示，无论是实心品种还是空心品种，氯吡脲的施用对草莓的空心率和空心面积比率均并没有显著影响。

而且，如果“膨大剂”使用过量或操作不当，比如浓度太高、使用过早、重复使用等，不仅不会起到增大增重的作用，还会产生反作用，同时影响水果品质，使得果实口感变差。所以，生产者通常是不会大量使用的。

30 "催熟剂"是怎么回事?

30s快速阅读

1. 乙烯利可以通过释放乙烯来催熟果蔬，是我们俗称的"催熟剂"。
2. 乙烯利低毒，且使用量很小，不会对人体健康产生危害。
3. 乙烯利是植物激素，不可能表现出性激素作用，更不可能引起性早熟。
4. 使用催熟剂的果蔬品质并不都比自然成熟的果蔬差。

提到"催熟果蔬"，很多人第一反应是不健康，甚至还有"催熟果蔬会导致孩子性早熟"的传言，事实果真如此吗？"催熟剂"是什么？会对人体产生危害吗？

● 什么是"催熟剂"？

随着贮藏运输技术的不断提高，现在北方城市的消费者也可以随时吃到物美价廉的香蕉、荔枝等热带水果了。但是，许多水果不宜进行长途运输，如果等到完全成熟了再运到销售地，运到的时候可能就已经变质了，所以只能在它们还未成熟的时候就采摘下来，然后到销售地进行催熟上市。"催熟剂"

可以加快果实的成熟，或缩短成熟的时间，属于植物生长调节剂的一种。其中，乙烯利就是最常用的“催熟剂”，也是目前全世界农业生产中广泛使用的“催熟剂”。乙烯利通过释放乙烯促进果实的呼吸作用和其他生化过程，只需少量就能起到催熟作用。

● 催熟的果蔬对人体有害吗？会引起孩子“性早熟”吗？

乙烯利属于低毒的植物生长调节剂。国内外尚没有因农作物施用植物生长调节剂导致人或家畜中毒、致畸、致癌等案例。在我国《农药管理条例》中，植物生长调节剂是作为农药进行统一管理的。因此，使用乙烯利进行催熟过的果蔬是安全的。如果实在担心，可以用清水多洗几遍。

此外，乙烯利属于植物激素，植物激素只作用于植物体，对动物的生长发育不起作用。乙烯利是不可能在人体内表现出性激素作用的，也不会参与性激素的合成，更不可能引起性早熟。所以，家长们大可放心给孩子食用“催熟果蔬”。

● “催熟剂”会影响果蔬的品质吗？

很多人认为经过催熟的果蔬，人为地缩短了果蔬成熟的生长周期，就是“揠苗助长”，品质一定会降低。但事实上，使用“催熟剂”的果蔬品质并不都比自然成熟的果蔬差。

研究表明，经过乙烯利催熟的香蕉，果皮转色效果好，果实硬度及维生素 C 含量较高，甚至可以减缓香蕉的生理活动；使用乙烯利催熟的桃子，总糖含量有所提高，同时也能很好地保持维生素 C 的含量。